辻川 和彦 編著

明治図書

まえがき

毎日行われている教育活動

　小学校や中学校で，遠足や運動会などの特別な日以外は，毎日行われている教育活動があります。
　毎年，基本的に同じことの繰り返しなので，初めて取り組む１年生以外は特に指導しなくてもなんとなくできてしまいます。
　そのため，「できて当たり前」と捉えられがちで，ていねいな指導がなされていないこともあります。
　この教育活動は，何だと思いますか？
　それは，掃除と給食です。
　毎日，当たり前のように繰り返されている学校掃除や学校給食ですが，次のような問題点があります。

教師間で研修をすることがほとんどない

　教科指導と違って，校内研修で掃除や給食を取り上げて研修をしたり，お互いの指導の仕方を検討したりすることはありません。
　それは，教師であれば知っていて当然という前提があるのかもしれません。しかし，初任者はもちろん，ベテラン教師の中にも正しい掃除の仕方や食事のマナーなどを知らない教師がいるのです。
　だから，掃除や給食の指導があいまいだったり，うまくいかなくても「こんなものだ」と思ってだれに相談することもなく，そのまま続けていたりすることがあります。
　その教師にしてみれば，「教科指導でさえ大変なのに，掃除や給食のことまではとても手がまわらない‼」というところかもしれません。
　しかし，教師が知らなければ，子どもに教えることも，子どもの間違いを

正すこともできません。

子どもたちが同時に別々の動きをしている

　正しい掃除の仕方や食事のマナーを知っていても，それだけで子どもたちを動かすことはできません。

　掃除や給食が教科指導と違うのは，教室の内外で子どもたちが同時に別々の動きをしていることです。

　かぎられた時間の中で多人数の子どもたちがばらばらに動くわけですから，ちょっとしたことで様々なトラブルが発生します。

　特に掃除は，高学年になると，体育館や外庭など教師の目がとどかない場所の担当も増えてきます。

　時間内に，トラブルなく掃除を行い給食を終えるには，意図的なシステムが必要です。

掃除が苦手な教師もいる

　指導する立場にある教師は何でもできて当然と思われがちですが，実は掃除が苦手な教師だっています。

　大学の教職課程には，掃除指導に関わる講義はありません。

　掃除のさせ方なんて現場に入るまで考えたこともなく，また，自身の小・中学校時代以来，ろくにほうきを持って掃いたり，ぞうきんで拭いたりしたことのない者もいます。

　教師になっても，先述のように，校内で掃除指導の研修をすることはほとんどなく，掃除をテーマにした研究発表会もありません。

　これでは，若い教師は「なんとなく」「適当な」掃除指導をすることになります。

　単に掃除がうまくいかないだけならまだしも，子どもたちが集団で行う掃除が機能しないと，そこから学級が崩れてしまうこともあります。

本書の特徴

　今回，刊行する
『掃除指導　完ペキマニュアル』
は，そのような若い教師や，掃除指導に自信のない教師に向けて書かれた掃除指導の書です。

　掃除指導の基本的なシステムを押さえ，また，「それぐらい知っているだろう」と思われるような，いわば「今さら聞けない」掃除用具の使い方なども解説しています。

　「今さら聞けない」からこそ，「なんとなく」「適当に」行われている掃除指導の現状があるからです。

　初任者はもちろん，今まであまり意識していなかった教師も，あらためて自分の掃除指導を見直すことができます。

　なお，書名に「マニュアル」とありますが，本書には，数々の多彩なアイデアも掲載しています。

　掃除指導に困っている教師や，楽しく取り組ませたい教師にとって，すぐに試したくなる事例をたくさん取り上げています。

　学級づくりが優れている教師は，掃除指導も優れています。

　逆に言えば，「掃除をしている子どもたちを見れば，その学級のレベルがわかる」のです。

　本書が，楽しい掃除指導の一助となれば幸いです。

辻川　和彦

※「清掃計画」や「清掃主任」などのように，公的には"清掃"ですが，本書では引用部分以外では基本的に"掃除"を使用しています。

Contents

まえがき

第1章　掃除指導のシステムづくり

手順①　掃除の「目的」を示し，「目標」を定める …………… 10
手順②　掃除の分担と期間を決める ……………………………… 14
手順③　掃除の仕方を徹底させる ………………………………… 18
手順④　掃除の評価をする ………………………………………… 22
「清掃」と学習指導要領 ……………………………………………… 26
コラム　当番活動ではない掃除法 ………………………………… 30

第2章　正しい掃除のやり方指導のポイント

1　用具別指導のポイント

ぞうきん ……………………………………………………………… 32
ほうき ………………………………………………………………… 34
モップ ………………………………………………………………… 36
デッキブラシ ………………………………………………………… 38
トイレブラシ ………………………………………………………… 40
たわし・スポンジ …………………………………………………… 42
熊手・竹ぼうき ……………………………………………………… 44

2　場面別指導のポイント

教室・黒板 …………………………………………………………… 46
廊下・階段 …………………………………………………………… 50
手洗い場 ……………………………………………………………… 54
トイレ ………………………………………………………………… 58

体育館 ･･････････････････････････････････････ 62
　　昇降口 ･･････････････････････････････････････ 66
　　外庭・運動場 ････････････････････････････････ 70
　　家庭科室 ････････････････････････････････････ 74
　　理科室 ･･････････････････････････････････････ 78
　　図工室 ･･････････････････････････････････････ 82
　　コラム　掃除にまつわる漢字の話【名前編】････････ 86

第3章　学年別　掃除指導のポイント

　　1・2年生の掃除指導のポイント ････････････････ 88
　　3・4年生の掃除指導のポイント ････････････････ 92
　　5・6年生の掃除指導のポイント ････････････････ 96
　　特別な支援を要する子への掃除指導のポイント ････ 100
　　異学年縦割り掃除指導のポイント ････････････････ 104
　　コラム　掃除にまつわる漢字の話【動作編】････････ 108

第4章　掃除指導をさらに円滑にするアイデア

　1　子どもが意欲的に掃除に取り組むアイデア
　　低学年向け　掃除に意欲的になるアイデア ････････ 110
　　中学年向け　掃除に意欲的になるアイデア ････････ 112
　　高学年向け　掃除に意欲的になるアイデア ････････ 114
　　異学年縦割り掃除向け　掃除に意欲的になるアイデア ････ 116
　2　やる気を高める掃除の評価アイデア
　　低学年向けの評価アイデア ･･････････････････････ 118

中学年向けの評価アイデア ………………………………… 120
高学年向けの評価アイデア ………………………………… 122
異学年縦割り掃除の評価アイデア ………………………… 124

3　中だるみをテコ入れするアイデア

開始時刻に遅れる子へのアイデア ………………………… 126
掃除中におしゃべりをしたり遊んだりする子へのアイデア ……… 128
手抜きをしてしまう子へのアイデア ……………………… 130
後片づけ・確認をしない子へのアイデア ………………… 132

4　いろいろな子どもへの掃除指導アイデア

荒れた学級で掃除に取り組むアイデア① ………………… 134
荒れた学級で掃除に取り組むアイデア② ………………… 136
特別な支援を要する子が意欲をもつアイデア①　通常学級の場合 …… 138
特別な支援を要する子が意欲をもつアイデア②　特別支援学級の場合 … 140
コラム　掃除と「働き方改革」 …………………………… 142

第5章　教師が身につけておくべき掃除術

1　仕上げの掃除術

窓・ドアの溝 …………………………………………………… 144
机・椅子の脚の裏 ……………………………………………… 146
黒板の「上」・電灯のカサ …………………………………… 148

2　夏休みの掃除術

便器の黄ばみ・黒ずみ ………………………………………… 150
ビーカーの水垢 ………………………………………………… 152
教室のカーテン ………………………………………………… 154

あとがき

第 1 章
掃除指導の
システムづくり

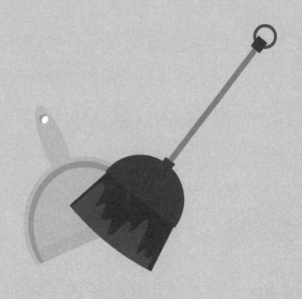

手順①
掃除の「目的」を示し，「目標」を定める

教師が子どもの掃除に求めているもの

　教師が，掃除をする子どもたちに求めているものは何でしょうか？
　「きれいに掃除をすればよいのだから，求めるものなど考えたことはない」という教師も多いことでしょう。
　しかし，考えたことはなくても，教師は掃除をしている子どもたちに無意識に様々な声かけをしているはずです。
　例えば，このようなことを言ったことはないでしょうか。

> みんなが使っている教室や廊下だから，みんなできれいにしましょう。

　また，学期末や学年末の大掃除などではこう言ったことはないでしょうか。

> いつも使わせてもらっている教室や廊下に感謝して，きれいにしましょう。

　このように，掃除の指示をする際に「公共の精神」や「感謝」などの意味をもたせることがあります。
　低学年の子が，机を2人で一緒に運んでいる姿を見ると，

> 協力して掃除をしていますね。えらい！

掃除をさぼっている子や，最後まできちんとしなかった子には，

> 自分の役割は，責任をもって最後まできちんとやりなさい！

など，掃除をほめたりしかったりする時には「協力」「責任感」などの意味をもたせることもあります。つまり教師は，掃除に「公共の精神」「感謝」「協力」「責任感」など多くの道徳的な要素を求めているのです。

　他にも，隅々まで掃除をする「ていねいさ」，終わったあとにまだごみが残っていないか確認する「確認力」，時間内に作業を終わらせる「段取り力」，汚い作業も我慢して行う「我慢強さ」，途中で他のことに気をとられない「集中力」……等々，掃除には様々な要素が複合的に入ってきます。

　考えてみると，自分の部屋でもなく，汚れてもかまわない教室や廊下を，教師がいなくても時間内に掃除しなければならないのです。道徳性も含めた「心」の要素が求められるわけです。

　では，教師は子どもにきちんと掃除をさせるために「心」を求めているのでしょうか？　もしかしたら，そういう教師もいるのかもしれません。

　しかし，本来は逆であるべきです。つまり，

> 子どもたちの心の成長という目的に向けて，掃除という手段を用いる

のです。もちろん，学校という制度が始まった当初からそのような意図で子どもに掃除をさせていたわけではないでしょう。しかし，ただ無目的に掃除をさせるよりも，はるかに教育的です。

　ところが，授業ではあれほど「めあて」を大事にしているのに，「めあて」を掲げて掃除をさせる教師は多くありません。それなのに，掃除に様々な「心」の部分を求めます。子どもにしたら「聞いてないよ」と言いたくなるでしょう。

　掃除をさせる前に，その目的を示し，具体的な目標を定めて取り組ませて

みてはいかがでしょうか。

掃除の目的を示す

　ここからは，具体的な掃除のシステムづくりについて述べていきます。
　まずは，4月，子どもたちに掃除の目的や意味を考えさせる場面の一例を示します。

教師：掃除は，何のためにするのでしょう？
　　　――教室（廊下）やトイレをきれいにするため。
教師：掃除で「いやだな」「したくないな」と思うのはどんなことですか？
　　　――ぞうきん拭き，トイレ掃除，汚いものをさわること……等々。
教師：「いやだな」「したくないな」と思って，1年間掃除をさぼり続けた人と，がんばって1年間やり続けた人。
　　　1年後，心が成長しているのはどちらでしょうか？
　　　――「やり続けた人」。
教師：あなたは，どちらになりたいですか？
　　　――心を成長させる人。
教師：掃除で成長するのは，どのような心だと思いますか？
　　　――協力する心，我慢強さ，ていねいさ，集中力……。
　　　（できるだけたくさん出させます。このあたりは，教師が補足する必要があるでしょう）
教師：この1年（○学期に）で，掃除をすることで成長させたいのは，どのような「心」や「力」ですか。○つ，選びましょう。
　　　（短冊やワークシートなどに書かせます）
　　　これから，ここに書いたことを成長させたり高めたりするために，掃除に取り組んでいきましょう。

このように，掃除さぼりを減らし，掃除の質を高めるためにも，「何のために掃除をするのか」「掃除をすることは自分にとってどんな意味があるのか」といった話を，年度はじめのできるだけ早い段階で子どもたちにすることが大切です。(もちろん，学年によって話し方は変わってきます)

目的へ向かうための「目標」を定める

　目的意識はつくれても，実際には掃除がきちんとできていない——ということはよくあることです。大きなことを言うだけでなく，その目的に近づくためには具体的にどうすればよいのか，を考えさせる必要があります。

　そこで，目的に向かうための道標——「目標」を定めます。

　低学年なら，いくつか簡単なものを教師が提示してもよいのですが，高学年であれば自分たちで話し合わせましょう。

　「おしゃべりをしない」「隅々まできれいにする」「掃除用具をていねいに扱う」等々，子どもたちなりに考えた目標が出るでしょう。

　教師は，基本的にそれらを受け入れながら，抽象的なものはより具体的な目標にさせたり，教師が「これだけは」と考える目標を提案したりします。

　やり方は，子どもたち一人一人が目標を立てるだけでもよいし，学級全員で「掃除でめざす３つの目標」などのようにある程度絞って共通の目標にしてもよいでしょう。また，学期ごとに目標を増やしていくという方法もあります。

　要は，教師からの「与えられた目標」ではなく，子どもたち自身が「考え，検討して決めた目標」になるようにすることです。

　ただし，目的や目標を決めただけでは，子どもたちはすぐに忘れてしまいます。そこで，掃除の目標を短冊などに書かせて掲示します。意識を継続させるためにも，教室に掲示しておきましょう。

　教師が目先の掃除だけをきちんとさせようとしているのか，その先の大きな目的まで見通しているのか。それによって教師の言葉かけや子どもの意識も変わってきます。

手順②
掃除の分担と期間を決める

掃除のシステムをつくる

　年度はじめの職員会議で，清掃主任が清掃計画を提案します。それが通れば，自分の学級の掃除場所が決まります。そうすれば，掃除の役割分担や交代の方法，担当する期間などを決めることができます。この部分が掃除のシステムの中核となります。学校によっては始業式の日から掃除が始まります。子どもたちをすぐに動かさないといけないのです。始業日までに，1年間続けられるシステムをしっかり準備しておきましょう。

①場所に応じた人数を割り振る

　学級の人数と掃除場所を見比べて，どこに何人を割り振るか決めます。初めて担当する特別教室などは，前年度の担当者にどのくらいの人数が必要か，特別な掃除用具がいるのか，などを確認します。

　この時，学級の人数に比べて掃除場所が多い……つまり「人手がたりない」場合はよいのです。その方が，時間いっぱい掃除に取り組ませることができます。特別教室などは毎日しなくてもよいので，1日おきにしたり曜日を決めて取り組んだりすればよいでしょう。

　問題は「人手があまっている」場合です。むだに人数が多いと，さぼったり遊んだりする子どもが出てしまいます。清掃主任に相談して，人数と割り当て場所を見比べながら調整できればよいのですが，うっかり見過ごしたり転勤したてでよくわからなかったりすることもあります。

　適正でない人数のまま始めてしまったら，様子を見ながら，普段ならやらない場所も加えるなどして適正な人数にしていきましょう。

②交代の仕方を決める

　掃除当番の交代の仕方は，大まかに分けて次の２パターンでしょう。それぞれの特性を理解して，学級に合った交代の仕方にしましょう。

A　グループまるごと交代する

　一定期間ごとにグループまるごと交代させるやり方です。それぞれの掃除場所の人数が同じ程度であれば，生活班などのグループでまるごと交代させることができます。

　メリットは，短期間に多くの掃除場所を経験させられることです。

　デメリットは，メンバーがまるごと交代してしまうと，その場所の掃除のやり方をまた教えなければいけないことです。

　年度はじめにすべての掃除場所のやり方を教えていても，しばらくすると忘れてしまったり，細かいところを間違えたりします。その都度，教師が掃除場所をまわって教えるのは大変なので，画用紙などに細かいやり方を書いて貼っておくとよいでしょう。

B　少しずつずらして交代する

　掃除のメンバーを，数人ずつずらして交代させるやり方です。

　メリットは，掃除のやり方を知っているメンバーが残っていることです。新しく加入した友達に，その場所の掃除のやり方を教えることができます。

　ただ，教師はそのつもりで少しずつずらして交代させていても，当の子どもたちが理解していないと，それぞれ自分勝手に掃除をしてしまいます。

　残ったメンバーが新しいメンバーにやり方を教えるようにきちんと趣意説明をしておくことが大事です。

　デメリットは，掃除場所がひとまわりするのに長い期間を必要とすることです。

③当番表をつくる

　システムが決まったら，当番表をつくって掲示します。円盤状の画用紙をくるくるまわすタイプや，子どもの名札を入れ替えていくタイプなどがあります。掃除場所の数や学級の人数によってわかりやすい当番表をつくりましょう。なお，男女の人数が大きく違っていて，トイレ掃除の担当がある場合は，男女別の当番表をつくっておく必要があります。

④交代の期間を決める

　同じ場所を掃除する期間を，どの程度にするかを決めます。

　一般的なのは，1週間ごとに交代するやり方でしょう。

　デメリットは，やっとその場所や用具に慣れてきたと思った頃に交代してしまうことです。掃除のやり方が定着しないままだったり，次の掃除場所で新たな掃除のやり方にとまどってしまったりすることになります。

　それを防ごうとするなら，ある程度の長い期間，同じ場所や用具を担当させることです。2週間や1か月，長いと1学期の間，まるまる同じ場所や用具を担当すると，「この場所の掃除ならバッチリ！」となるでしょう。

　ただし，変化がないとマンネリ化したり，希望の掃除場所がなかなかまわってこないなどの不満が出たりします。子どもの意欲をどう持続させるかが課題となります。

子どもの人数と用具の数が合っているか

　いざ掃除が始まってみると，ほうき係は3人なのに，ほうきが2本しかない……。子どもたちはいきなり混乱します。1人はぞうきん係にまわすとしても，だれがぞうきん係にまわるのか。「私がします」という子がいればよいですが，いなければジャンケンが始まります。その間，ぞうきん係の子たちはずっと待たなければなりません……。事前に子どもの人数と用具の数が合っているかどうかを確認しておけば，そんな混乱は生じません。たりなければ，担当者に頼んで補充しましょう。

「公平性」と「自分で判断する余地」

　当番活動の基本は「公平性」を保つことです。
　だれかが得な役まわりばかりすると、だれかが損な役まわりばかりすることになってしまいます。
　だから、掃除の場所や役割は輪番制にして当番表に明記します。問題は、「どこまで決めるのか」です。
　「当番表に明記できない・明記するまでもない」ことはたくさんあります。
・机や椅子は、だれがいくつ運ぶのか
・バケツの水くみはだれがするのか
・だれかが欠席した場合、だれがかわりをするのか
・終わったあとのバケツの片づけはだれがするのか……等々
　このようなことまで細かく当番表に明記すると、煩雑でわかりにくくなってしまいます。また、どんなに細かく決めても、突発的にだれかがやらなければならないことが発生することは多々あります。しかし、そこに子どもの「意欲」や「協力・助け合い」などを発揮させる場があります。
　また、細かく決めすぎると、「自分で考えて判断する」という余地がなくなります。低学年は細かく決めておく必要がありますが、学年が上がるにつれて、徐々に自分たちで判断する余地を残すようにします。
　かといって、「気づいた人」や「手のあいている人」にすると、やはり同じ子ばかりする（させられる）こともあります。「自分の心を成長させるため」「みんなで協力して教室をきれいにするため」という目的や目標を見失ってしまうと、「いかに楽をするか」ということばかり考えてしまいがちです。
　いかに「自分で仕事を見つけて、行動する」子どもに育てるか。このあたりは、掃除だけでなく他の活動も含めて学級づくりと大きく関わってくるところです。

手順③
掃除の仕方を徹底させる

掃除の仕方を教えられていない

　子どもが掃除をきちんとしない原因の1つに,「掃除の仕方がわからない」ということがあります。どうやればよいのか,わからない。だから,いいかげんになってしまうのです。

　小学校1年生以外は,掃除の経験があります。掃除を担当する場所を教え,役割分担を決め,「さあ,これから掃除です」と言えば,初めての場所以外であれば,子どもたちはそれなりに掃除をすることができるでしょう。だからこそ教師も,忙しい年度はじめに時間をとってまで掃除の事前指導をしようとしません。失礼を承知で言えば,子どもたちは,毎年,惰性で掃除をしていることになるのです。

　しかし,それこそが掃除の仕方が徹底されない原因です。子どもによって,その時々によって,やり方が微妙に変わります。教師が何も言わなければ,子どもは楽な方に合わせます。次第に,掃除の仕方が崩れていくのです。

　何年生だろうと,たとえ6年生であっても,年度はじめや長期休み明けには掃除の仕方や用具の片づけ方の確認をしましょう。

徹底のさせ方

①まず手順の説明を

　何はともあれ,まずはやり方の手順を説明します。

　例えば,「先にほうきで掃き,それからぞうきんで拭く」という当たり前に思えることでも,ほうっておけば同時にしたり,逆にぞうきんで拭いたあとに濡れた床をほうきで掃こうとしたりします。

濡れるとごみはとれにくくなります。「なぜ，その順番なのか」ということも含めて，しっかり確認させます。その際，口頭で説明するだけでなく，手順を書いた画用紙を示すなど，「目」と「耳」で確認させるようにします。

②「写真」を使って視覚的に

説明の際には，正しい掃除の仕方を事前にデジタルカメラで撮影しておき，それを使って説明すると効果的です。一度撮影しておけば，毎年使えます。また，あなたが清掃主任なら，「事前指導に使ってください」と職員にデータを提供するとよいでしょう。

撮影するポイントは，例えば，用具の「持ち方」や「姿勢」などです。ほうっておくと，ちりとりを床にポンと置いたままごみを掃き入れようとします。手で持って，ちりとりの後ろの方を少し持ち上げるなど，口頭の説明では子どもたちは理解できません。また，トイレなど，掃除場所によっては学級の子どもたちが全員入れない場所なども，写真を使うことでわかりやすく説明することができます。

③掃除用具を使わせながら

掃除用具については，口頭で「○○室の掃除は〜こうするのです。わかりましたか？」「はい，わかりました」というやり取りで終わってはいけません。

実際に掃除用具を使わせて確認しましょう。実際にやらせてみると，まったくやり方を理解していない子どもが必ずいます。

班に1つ，バケツに水をくんできて全員にぞうきんを絞らせる。ほうきも班に1つ配って，交代で床を掃かせてみる。

トイレを掃除する用具なども，新品のものを用意できるなら，一度教室で練習させておくとよいでしょう。

熊手など柄が長くて教室で練習するのが危ないものは，外で行いましょう。

④実際の掃除場所へ行って

　用具の使い方がわかったら，実際の掃除場所へ行きます。

　中・高学年になると，教室・廊下以外の特別教室やトイレ，外庭などの掃除が加わってきます。

　特別教室によって，微妙に掃除のやり方が違う場合があります。しっかり教えるには，実際の掃除場所へ行って説明するのが一番です。

　その場所の掃除担当者だけでなく，全員を連れて行きます。掃除のメンバーが交代するごとに説明するのではなく，全員に・同時にやり方を理解させるためです。

　実際の場所で用具を使わせたり，掃除の範囲などをきちんと教えたりします。廊下などは，どこまでが自分の学級の担当で，どこからが別の学級の担当なのか，理解していない子もいます。掃除範囲が重なっていればまだよいのですが，だれも掃除をしない空白の範囲が生じることがあります。それを防ぐためにも，掃除範囲をきちんと教えておくのはもちろんですが，廊下ならビニールテープを端に貼っておくなど，何か目印を設けておくとよいでしょう。

⑤片づけ方までていねいに

　掃除の仕方を教えて終わりではありません。掃除が終わったあとの「片づけ方」まできちんと教えます。

　ぞうきんの干し方，ほうきの置き方，ブラシのかけ方等々……。

　きちんと用具が置かれた写真を貼っておくと，置き方が次第にいいかげんになっていくことを防ぐことができます。

　例えば，次ページの写真1は「誤ったぞうきんのかけ方」を，写真2は「正しいぞうきんのかけ方」を示しています。

　その2つを，子どもたちに見せて説明した上で，ぞうきんをかける場所に貼っておきます。子どもたちはそれを見て，正しくぞうきんをかけるようになります。

写真1　誤ったぞうきんのかけ方

写真2　正しいぞうきんのかけ方

写真3　そばに写真1・写真2が貼ってあるぞうきんかけ

徹底させる時間を年度はじめに確保できるか

　問題は「それを、いつやればよいのか」ということです。
　「学級開き」や「授業開き」という言葉はありますが、「掃除開き」という言葉は聞いたことがありません。「最初の掃除」はあまり意識されていないのでしょう。
　たしかに、始業式や最初の学級活動がある中、掃除についてまとまった時間を確保することは難しいです。それでも、せめて1時間は、事前にオリエンテーションの時間を確保したいものです。
　それをせずして「子どもたちが掃除をちゃんとしない」と言うのは、いかがなものでしょうか。

手順④
掃除の評価をする

すべての教育活動には評価がある

　すべての教育活動には評価があります。
　各教科，道徳科，総合的な学習の時間などは，テストがあったり，通知表や指導要録で数値や記述による評価をしたりします。しかし，掃除にはそのようなきちんとした評価欄がありません。通知表の総合所見に書こうと思えば書けますが，きちんと掃除の欄が設定されているわけではありませんから，すべての子どもの掃除について評価を書くことはないでしょう。
　つまり，教師が意図的に行わないかぎり，子どもがどんなに掃除をがんばっても評価されることは少ないのです。
　考えてもみてください。
　国語や算数をどんなにがんばっても，テストや通知表で評価されないのだとしたら，子どもたちは漢字を覚えようとするでしょうか？　計算を速く正確にできるようになろうとするでしょうか？
　前項で「掃除の仕方を徹底させる」ことについて述べました。しかし，どんなに徹底させても，そこに適切な「評価」がないと，定着はしないのです。
　もっとも，各教科等と掃除では違う面もあります。
　各教科等では，子どもたちは1か所にいて，教師は全員の様子を把握することができます。
　しかし，掃除は複数の場所を担当していることがほとんどなので，すべての子どもたちの掃除の様子を見ることは難しいです。一度に全員ではなく，順番に，計画的に掃除場所をまわるなどの工夫が必要になります。

掃除の何を評価するのか

　評価は，基本的に"ダメだし"ではなく"ほめる"ために行いたいものです。評価の観点とは，つまり「ほめる観点」でもあります。
　では，掃除にはどのような「ほめる観点」があるのでしょうか。

①掃除のとりかかりを評価する

　やりたくない掃除のために，早めに行こうとする子どもは少ないです。友達とおしゃべりしながら，のんびり歩いていることでしょう。だから，開始時刻にちゃんと掃除場所にいるだけで"えらい"のです。その時，すでにぞうきんやほうきを手にしていたら"すばらしい"のです。多くの教師は「当たり前」と思っているかもしれませんが，そのくらい，教師がほめちぎってあげるべきことです。

②掃除の態度を評価する

　もっとも重要な，掃除中の態度面についての評価です。
　具体的には「黙って（おしゃべりをせずに）している」「ごみ箱など，物を動かして掃除している」「ボーッとして手が止まっていない」など，ちゃんとやるだけでほめる観点はたくさんあります。

③用具の使い方を評価する

　掃除をちゃんとやっている子の中には，用具の使い方が正しい子もいれば間違えている子もいます。間違えている子には正しい使い方を教えるとして，きちんと正しく使えている子はそのことをほめましょう。
　子どもがぞうきんを洗いにバケツの方へ向かうのに気づいたら，チャンスです。さりげなくその子のあとをついていき，ぞうきんを正しく絞っていたら「おおー！　〇〇さんは，ぞうきんを正しく絞っているね！　えらい！」とほめます（もちろん，周りに聞こえるように）。その子をほめるのと同時

に，他の子がぞうきんの絞り方に気をつけるようになります。

④片づけ方を評価する

　掃除が終わったあとの，用具の片づけにも目を配ります。それぞれの用具に決まった片づけ方があります。片づける様子を見たり，片づけが終わったあとを確認したりして，正しく片づけられていることを評価します。

⑤プラス１を評価する

　ぞうきん係，ほうき係……など，掃除の分担では役割が決まっています。しかし，掃除は「それだけをすればよい」というわけにはいかない部分も出てきます。「私はその係じゃないから」と言うのではなく，自分から，何かできることを探して行動する，という態度を評価します。

　以上のような項目について，学年に応じて自分の掃除をふり返る自己評価シートをつくっておきます。下に掲載していますが，ここにあげた項目はあくまでも一例です。自分の学校・学級なりのものをつくりましょう。（118～125ページの「やる気を高める掃除の評価アイデア」もご参照ください）

　週末には時間をつくって，１週間のふり返りや，反省を受けて来週はどの

(　　　　　　　) 掃除	名前				
よい◎　ふつう○　不十分×　（△）	／(月)	／(火)	／(水)	／(木)	／(金)
開始時刻に掃除場所にきていたか					
静かに（黙って）掃除をしていたか					
掃除用具を正しく使っていたか					
じゃまな物をどかして隅々までしていたか					
掃除用具をきちんと片づけたか					
プラス１掃除ができたか					
〈１週間の掃除をふり返って〉					

【自己評価シート】

ように掃除に取り組みたいか，ということも書かせるとよいでしょう。ただし，あまり自己評価に時間をかけすぎないようにします。

このような評価表を毎日つけるのは大変だ，という場合は，月に1度，あるいは学期に2〜3回，掃除強化週間として行ってもよいでしょう。

子どもは掃除をさぼるもの!?

その場でほめたりしかったりすることも1つの評価です。

とはいえ，掃除中にあからさまに遊んだり，他の子どもたちのじゃまをしたりする子は別ですが，掃除をきちんとできていないからといってしかるのはあまりおすすめできません。それでは，教師の目の前でだけきちんとやるふりをして，教師の姿がなければもう手は止まってしまいます。

大人だって，掃除なんて，できればやりたくないものです。子どもなら，なおさらです。子どもがまじめに掃除をやっているのは，当たり前のことではありません。

「子どもは掃除をさぼるもの」——そう考えておけば，ちゃんとやっている子をほめようという気持ちになります。

中には，事前に教えられていたとしても，その時になって「今日の掃除場所はどこ」「どうやって掃除すればいいの」と困ってしまい，てきぱきと掃除に取り組むことができない子どももいます。また，掃除中に何かに気をとられ，手が止まってしまうこともあります。

完璧な掃除をめざしているとそのような子どもを許せなくなり，感情的にしかってしまいがちです。完璧さを求めず，きちんとできている子をしっかりほめるようにしていきましょう。

「清掃」と学習指導要領

「清掃」と学習指導要領

　何のために学校で子どもに掃除をさせているのか——ということは，どこにもはっきりと書かれていません。教科であれば，学習指導要領に「目標」が書いてあります。給食であれば，「学校給食法」という法律があり，第2条に給食の目標が定められています。

　しかし，掃除は教科でもなければ，「学校清掃法」という法律があるわけでもありません。いったい，掃除は何のためにするのでしょうか。

　小学校の学習指導要領を開くと，「第6章　特別活動」の中に「清掃」という言葉があります。ただし，以前からあったわけではありません。小学校学習指導要領に「清掃」という言葉が入ったのは平成20年版からです。

　「第6章　特別活動」の学級活動の内容の(2)に次のように示されました。

> エ　清掃などの当番活動等の役割と働くことの意義の理解

　「清掃など」とあるように，掃除はあくまでも給食や日直，飼育，栽培などの「当番活動等」の一例としてあげられています。では，なぜ「清掃」という言葉が，この時の改訂で入ることになったのでしょうか。この時の小学校学習指導要領解説特別活動編の5ページには次のように書かれています。

> 　「勤労観」を養う観点から，「清掃などの当番活動等の役割と働くことの意義の理解」を加えた。
>
> 　　　　（第1章総説の3特別活動改訂の要点の(2)各活動・学校行事の内容の改善より）

学校をきれいにするという衛生面のためではなく,「勤労観」を養うためであったことがわかります。同書38〜39ページにはもう少しくわしい記述があります。

> なお,低学年から所属する集団やみんなのために一生懸命働く経験を重視し,日常の積み重ねを通して<u>キャリア教育の一環として働くことの大切さや意義を理解させていく</u>ことは,児童会活動における学校に寄与する活動などの充実につながるとともに,<u>望ましい勤労観・職業観を育て,公共の精神を養い,社会性の育成を図る</u>ことにもつながる。
>
> （下線：筆者）
>
> （第3章第1節の2の(2)日常の生活や学習への適応及び健康安全のエより）

つまり,清掃だけで考えるのではなく,給食や日直,飼育,栽培などの「当番活動等」全体を「キャリア教育」の一環とし,「望ましい勤労観・職業観,社会性の育成を図る」ということになります。

だから,単純に「清掃」だけの目標がないのです。

「勤労観」の背景

では,なぜ,平成10年版にはなかった「勤労観」その他の表記が,平成20年版の改訂で入ることになったのでしょうか。

当時の社会的な背景として,以下のようなことが指摘されています。

> 今日,高校生,大学生等を問わず,フリーター志向やモラトリアム傾向の拡大が見られ,一部に職業的アパシーといった状況も見られる。また,上級学校への無目的・不本意入学,入学後の中途退学や怠学等などの学校不適応が増加するとともに,就職後の早期離転職が依然として高い水準で推移しており,学ぶこと・働くことへの意欲や態度,職業観・勤労観の形成をめぐって各方面から様々な課題が指摘されている。（中

> 略）このような時代を生きていく子どもたちに強く求められるのは，変化に流されることなく，自立した個人として自らの将来を主体的に切り拓いていく力であり，その基盤となる意欲や態度及びこれらを根本において支える職業観・勤労観である。（後略）
>
> (「児童生徒の職業観・勤労観を育む教育の推進について（調査研究報告書）」平成14年11月，国立教育政策研究所生徒指導研究センター，1ページより抜粋)

　また，それと前後して，ニート（Not in Education, Employment or Trainingの略。15～34歳までの非労働力人口のうち通学・家事を行っていない者）の割合がぐんと上昇しています。

　平成18年12月には教育基本法が改正されていますが，その直前に開催された「参議院・教育基本法に関する特別委員会」で伊吹文明文部科学大臣（当時）は次のような答弁をしています。

　（「どういうふうに具体的にニートが増えないように教育していくのか。そのときには指導要領はどういうふうにするのか」という問いに対して）

> 　もちろん，指導要領をどうするかというのは，これは教育というのは多様な価値観の対象ですから私の独断で決めるわけにはいきませんので，中教審その他の御意見も伺いながら決めていきますので予断を与えてはいけませんが，結局，<u>望ましい勤労観ですね，それから職業観，それから主体的に自分の進路を決められる能力，態度，それからさっきの先生とのやり取りの中であった自律性</u>，こういうものを養って本人の修学意識を高めていくとか，そういう学校教育をやると。<u>そのための学習指導要領を作っていくと</u>。それが結果的にニートが増えないような教育につながっていくと。100パーセントそうはなりませんよ，先ほど来お互いに議論しているように。だけれども，その目的に向かって努力をするということです。
>
> 　　　　　　　　　　　　　　　　　　　　　　　　　（下線：筆者）
>
> (文部科学省HP「職業及び生活との関連を重視し，勤労を重んずる態度（第二条第二号関連）」より)

このような社会的背景から，勤労観・職業観の育成が必要ということになり，学校生活で具体的な「働く場面」の代表例として「清掃」が取り上げられたのです。
　なお，この時の改訂で，それまで中・高学年にしかなかった道徳の内容項目「勤労」が低学年に新設されたのも，このような流れからなのでしょう。

平成29年版の新学習指導要領では

　「清掃」は平成29年３月に告示された新学習指導要領にも入っていますが，この改訂では，それまで２つに分類されていた学級活動の活動内容が３つに分類・整理され，「(3)一人一人のキャリア形成と自己実現」が新設されています。そして「清掃」は，この(3)に入っているのです。

> イ　社会参画意識の醸成や働くことの意義の理解
> 　　<u>清掃</u>などの当番活動や係活動等の自己の役割を自覚して協働することの意義を理解し，社会の一員として役割を果たすために必要となることについて主体的に考えて行動すること。　　　　（下線：筆者）

　ここでは，多様性を認め合いながら，力を合わせて働くという視点から「働く」が「協働する」に変わっています。
　また，「特別活動」が学校教育全体で行うキャリア教育の中核的な役割を果たすことが明確化されており，キャリア形成にも配慮された表現になっています。「キャリア形成」とは「社会の中で自分の役割を果たしながら，自分らしい生き方を実現していくための働きかけ，その連なりや積み重ね」（小学校学習指導要領解説　特別活動編　59ページより）を意味しています。
　このように，学習指導要領では掃除は「きれいにするため」ではなく，子どもたちが大人になった時の「働き方」「生き方」までを見通して取り組んでいくものなのです。

（辻川　和彦）

コラム

当番活動ではない掃除法

　本書は若い教師向けに基本的な学校掃除のシステムづくりを提案した書ですが，本書のやり方が絶対に正しいと主張しているわけではありません。17ページで「当番活動の基本は『公平性』」と述べましたが，あえて公平にしないやり方もあります。

　奈良県の小学校教師，土作彰氏は著書（『子どもを伸ばす学級づくり』土作彰著，日本標準，2010年）の中で，当番形式ではなく「清掃士免許制度」という実践を紹介しています。「免許を取得して，資格を得た者だけが掃除をすることができる」というコンセプトのもと，「清掃士認定試験」に合格しなければ掃除ができない……というものです。試験に合格すると，「3級清掃士」に任命されます。中だるみしないよう，「免許停止制度」「昇進試験制度」などもあり，子どもの意欲を引き出すおもしろい実践です。

　長野県の小学校教師，平田治氏が提唱する「自問清掃」も有名です。「自問清掃」は，長野県の竹内隆夫氏（元・高社中学校長）によって創案された掃除教育プランで，5つのステップを踏んでいくように構想されています。最初の3段階は，脳の前頭葉にある「3つの玉」をみがく段階です。「がまん玉」「しんせつ玉」「みつけ玉」の3つです。そのあとに，感謝の心と正直な自分づくりに向かう2つの段階が登場します。（『「魔法の掃除」13カ月「Ｉメッセージ」を語れる教師』平田治著，三五館，2007年）

　ただし，ここで紹介した2つの掃除法は，両氏の掃除を含めた学級づくりの哲学を学んだ上で実践しないと，形だけ真似をしてもうまくいかないでしょう。興味のある方は，ぜひ両氏の著書を読んでください。

　掃除の指導法は1つではありません。いろいろ試してみて，自分なりに納得できる掃除の指導法を見つけるとよいでしょう。

第2章
正しい掃除のやり方指導のポイント

| 1　用具別指導のポイント |

ぞうきん

ぞうきんの指導のポイント&アイデア

①起源は室町時代の「浄巾」

　室町時代の「浄巾」を語源とする説のある「ぞうきん」は，古くより使用されてきた身近な掃除道具の1つです。

　使用方法は大きく2つあります。
・ぞうきんの素材を傷めず，素早く使用できる乾拭き
・汚れをしっかりキャッチし，かけた場所を可視化できる水拭き
　ぞうきんは台拭き，窓拭き，床拭きなど様々に使用します。乾拭きでは汚れがとりきれないことや，水拭きでは水分が多いと床を傷めることなど，それぞれのメリット・デメリットを意識して使い分けることが必要です。

②ぞうきん指導は4つの場面で

　ぞうきんの使い方を指導する場面としては主に次の4つが考えられます。
　「絞り方」・「かけ方」・「洗い方」・「干し方」
　それぞれの場面に対して，教師が統一した使用方法を子どもたちに伝えることが大切です。それぞれの場面について，指導のポイントを交えた具体例を紹介します。

ぞうきんの指導の具体例

①「絞り方」：素早くしっかり絞れる"縦絞り"

　ぞうきんの絞り方は，"縦絞り"がおすすめです。"横絞り（順手と順手）"

や"握り絞り（丸めて握る）"よりも少ない力で素早く絞ることができるからです。（それぞれのやり方を一度体験させるとよいです）。"縦絞り"は，次のように指示を出します。「ぞうきんを2回折ります」「綱引きの持ち方（順手と逆手）で縦に持ちます」「手首と手首を近づけて絞りましょう」

②「かけ方」：端から端まで，「ワイパー拭き」で下がりながら

ぞうきんのかけ方は"左右にぞうきんを動かす「ワイパー拭き」で下がりながら"がおすすめです。まっすぐかけるより片手に集中して力を込めやすく，ぞうきんがけした場所を踏まなくてすむからです。次のように指示を出します。「ぞうきんを1回（低学年は2回）折ります」「ぞうきんを左右に動かして下がりながら拭きましょう」「端から端までを意識します」

③「洗い方」：ゆらゆらすすいで，グーでこする

バケツで洗う場合，「洗い方」は2段階がおすすめです。まずぞうきんの1辺をもってバケツに入れ，揺らしながら目立つごみを落とします。次に，ぞうきんの向かい合う2辺を，右手と左手でそれぞれ持ち，手をグーにしてこすります。汚れを落とすために，バケツに水と洗剤を入れてつけ置きしたり，学校の許可をとって洗濯機で洗ったりするとさらにきれいになります。

④「干し方」：「角ぴったり」でそろえて

ぞうきんは日当たりがよく，風通しのよい場所に干しましょう。「角ぴったり」など，角と角を合わせる合言葉を用意するとよいです。また，風で飛ばないように洗濯ばさみで押さえる必要があります。番号をつけた洗濯ばさみを事前に用意し，名簿に合わせて使用させると，だれが上手に干しているかが一目瞭然になり，ほめるきっかけをつくることもできます。

（古橋　功嗣）

1 用具別指導のポイント

ほうき

ほうきの指導のポイント&アイデア

①ほうきで「床なで掃き」

ほうきは，床に落ちているごみを，ほこりをたてないように掃くための道具です。ほうきにも様々な種類がありますが，ほうきの毛先が曲がってしまうほど強く押さえてしまうと，すぐにほうきがダメになってしまいます。そこで，次の3つの指導のポイントを教えます。

・ほうきはごみを1か所に集めるための道具であることを教える
・毛先を軽く床に押しあて，床をなでるように掃くことを（床なで掃き）教える
・ほうきの先を見て掃くことを教える

②小ぼうきで「すみっこ掃き」

ちりとりにごみを入れる時によく使われる小ぼうきは，小さくて動かしやすく，狭い隙間にも入りやすいほうきです。

小ぼうきの大きさや形状を生かし，教室・廊下の隅やドア・窓の溝などの隙間を掃く「すみっこ掃き」の道具として，小ぼうきを使います。指導のポイントは，次の2つです。

・教室・廊下の壁沿いを歩き，隅を小ぼうきで掃くことを教える
・自在ほうきやシダほうきが入りにくい隙間を教える・見つけさせる

ほうきの指導の具体例

①「なでる」を体感させる

　ほうきの持ち方や掃き方はわかっていても，力強く床に押しあててしまう子がいます。そんな子には，「ほうきで床をなでましょう」と伝えます。その後ほうきの毛先が曲がっていないかチェックし，合格か不合格か判断します。不合格だった子（または低学年のように力の加減が難しい学年）には，一緒にほうきを持ってなでる感覚を体感させます。1人でできるようになるまで，チェックと合否の判断の繰り返しです。繰り返しの指導によって，一人一人に「なでる」感覚が身につくようにします。その際，ほうきの先を見ながらなでることもあわせて伝え，ごみが集まっていることを目で見て確認できるように指導します。

②「すみっこ隊」を出動させる

　小ぼうき・ちりとりを持って掃除する子を，私は「すみっこ隊」と呼びます。すみっこ隊になった子を最初に全員集め，すみっこを教えます。例えば教室を子どもたちと一周しながら，まずは教師が小ぼうきを使ってすみっこを掃きます。ごみ箱などの物が床に置いてある場合は，その物をずらし，小ぼうきで掃きます。他にもドアの溝や隙間など他のほうきでは掃きにくい場所を教えます。教師が教えるだけでなく，自分たちで見つけさせるのも1つの方法です。子どもが自らすみっこを見つけた時には，その場で称賛するとともに，クラスの子にも紹介します。同じクラスの子に感化された子どもたちは夢中ですみっこを探し，ごみを集めようとします。この繰り返しによって，あらゆる場所のすみっこまで目を向け，ごみを見つけられる目を育てていきます。

（加藤　百合絵）

1　用具別指導のポイント

モップ

モップの指導のポイント&アイデア

①他の掃除道具との違いを明確に捉えさせる

　モップには，大きく分けて３つの種類があります。
・フラットモップ
・水拭きモップ
・化学モップ

　学校で使用されるモップの多くは，化学モップです。化学モップは，床を軽くなでるようにすべらせるだけで，ほこりや髪の毛を吸いつけます。吸着剤がついているので，一度吸いつけたごみは，化学モップから落ちません。

　化学モップの特性は，２点あります。
・掃除をする面積が広い場合に使用する
・傷がつきやすい床を掃除する場合に使用する

　廊下や体育館を掃除する際に，使われているのではないでしょうか。

　広い範囲のごみをとりのぞくことができる便利な化学モップですが，吸着剤がついているので，拭く場所，力の入れ方，保管の仕方に注意が必要です。

　注意点は，次の３点です。
・水気のあるところでは使用しない
・床に吸着剤がしみ込まないように，力を入れすぎない
・使用後は，モップ面を床や他の素材と接触したままにしない

　子どもたちは，化学モップの特徴を知りません。柄に大きなぞうきんがつ

いている掃除道具だと思っています。

　まずは，教室で使用するほうきやぞうきんと並べ，実際にさわらせることを通して，違いに気づかせたり教えたりすることが大切です。そうすることで，子どもたちは「使った後は，モップ面を床や他の素材と接触したままにしてはいけないな」と片づける瞬間まで，注意事項を意識して行動するようになります。

モップの指導の具体例

①姿勢

　力を入れすぎると，油性の吸着剤が床にしみ込んでしまう可能性があるので，「掃除がしやすいな」と感じる楽な姿勢を体感させます。まずは，子どもがやりたいように使用させます。その後，片手の親指をモップの柄の先にかけさせ（片手で柄の先を持つのでもよいです），もう一方の手はおへその位置で柄を持たせます。両手の間隔が，30～40cmくらいになるようにします。教師が個別に姿勢を確認した上で，床を拭かせましょう。子どもたちは，小さな力で床を拭き進めることができることにおどろくでしょう。

②隣のモップとぴったんこ作戦

　化学モップを3～4人に持たせ，横に並ばせます。その際，モップが隣の人と少し重なるようにします。そして「隣の人のモップと離れてはいけません。離れたら，マイナス1ポイントです」と声をかけます。離れないようにする，という課題を与えることで，子どもたちは集中して取り組みます。

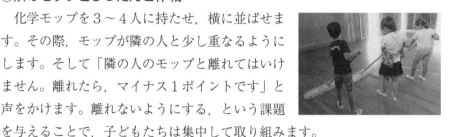

　3～4人で慣れてきたら，拭く人数を増やして取り組むのもよいでしょう。美しくなる喜びを仲間と実感できることで活動意欲が高まります。

（猪飼　博子）

1 用具別指導のポイント

デッキブラシ

デッキブラシの指導のポイント&アイデア

①もともとは船の甲板（デッキ）を掃除する道具

　デッキブラシは，もともとは船の甲板（デッキ）を掃除するブラシなのでデッキブラシと言います。

　船の甲板を掃除するぐらいですから，デッキブラシの特性としては，
・かたい床を掃除する時に使う
・水を流して洗う場所で使う
という2点があります。

　トイレや玄関，プールなどの床を掃除する時に使うことが多いでしょう。

　ブラシがかたいので，力を入れて床をみがくと，少々こびりついた汚れも落とすことができます。とはいえ，力を入れすぎたり乱暴に扱ったりすると床やブラシを傷めることがあるので，注意が必要です。

　指導のポイントは，次の3点です。
・両手にしっかり力を入れ，前後に動かしてこする
・洗剤を使ったあとは，しっかり洗って洗剤を落とす
・使用後は，穂先が変形しないようにつるして保管する

②床をみがく回数を決める

　汚れた床をデッキブラシでみがいて水を流すと，茶色い汚れが流れて白くなっていきます。このような時は「掃除をした！」という達成感が得られま

す。しかし、いつでもどこでも、そのような達成感が得られるわけではありません。デッキブラシでみがいても、見かけ上あまり変化がない場所では、ついつい周りの友達としゃべりながら片手でデッキブラシを持って力を入れずに動かすだけという光景をよく見かけます。

このように、「見た目」で達成感が得られない時は「回数」を決めてみがかせるようにします。

デッキブラシの指導の具体例

①姿勢

まず、デッキブラシを使う姿勢を教えます。

両手でしっかり持って、体を前かがみにしてみがくようにします。体を後ろにそらせたり、片手で持ったりしてみがいても、力が入らないのでしっかりみがけません。

ただし、必要以上に力を入れると、ブラシの穂先や柄の部分を傷めてしまうことになるので、おもしろ半分に体重をかけるなどのことはしないように念を押しておきましょう。

②回数

「1か所10回こすります」と指示をします。「1, 2, 3……10回！」と10回みがいたら、次の場所に移ります。回数の目安を設けることで、掃除（みがく行為）に集中するようになります。

洗剤をつけてみがく場合は、みがいたあとが泡立つので、みがき残しがわかりやすくなります。洗剤を使わない場合は、みがき残しがないように隅々までみがくようにさせましょう。

（辻川　和彦）

1　用具別指導のポイント

トイレブラシ

トイレブラシの指導のポイント＆アイデア

①トイレブラシの種類と用途

　トイレのブラシには大きく分けて，「スポンジタイプ」「ブラシタイプ」の２種類があります。

　「スポンジタイプ」は，週に３回以上のペースで頻繁にトイレ掃除をする場合におすすめです。

　スポンジですから，便器を傷つける心配がありません。なにより，泡立ちがよいので便器全体をきれいに素早くみがくことができます。あまり力を入れずにみがくことができますし，泡立ちがよいので子どもたちも楽しくできます。

　学校では，掃除の機会が多いため，「スポンジタイプ」が適していると思います。しかし，長く

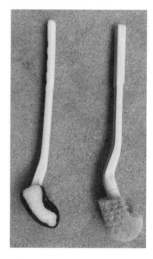

使用するとすり減って泡立ちが悪くなります。また，水ぎれが悪いため衛生的な面からも，定期的に交換をした方がよいでしょう。

　「ブラシタイプ」は落ちにくい頑固な汚れの掃除に適しています。また，水ぎれがよいので，スポンジタイプより衛生的だと言えます。

　指導のポイントは，以下の３点です。

- 便器のフチ裏までブラシをあててこする
- 使ったあとは，しっかり水をきる（特に，スポンジタイプは水がきれにくいので，よく水をきる）
- 使用後は，乾かして衛生的に保つためにつるして保管する

②見えないところをきれいにする

　きれいに見えるトイレも「フチ裏」が汚れている場合が多いです。そこで「フチ裏ピカピカ競争」で，見えないフチ裏まできれいにすることをめざして掃除をすると真剣度が増します。

トイレブラシの指導の具体例

①姿勢

　まず，トイレブラシを使う姿勢を教えます。トイレブラシを持つ時は，力が入りやすいように片方の手で便器の横や上を持って支える姿勢を教えます。

　初めは，ほとんどの子が便器を持って支えることに抵抗を感じます。

　そこで，トイレ用手袋やゴム手袋を用意すると抵抗なく持つことができます。

②フチ裏をみがく

　子どもたちのトイレ掃除は，見えているところだけをみがいて終わりということがありがちです。よく見るとフチの裏が黄色く汚れたままになっています。

　子どもたちに，「見えないフチ裏がきれいになったら合格！」と伝えておくと，真剣にみがくようになります。

　フチ裏をみがくために，先の曲がったフチ裏までみがけるトイレブラシを使うと掃除がしやすくなります。

　長い間，フチ裏の掃除をしていないと，トイレブラシだけでは汚れがとれない場合が多いです。一度，トイレの大掃除（114〜115ページ）をしてフチ裏までピカピカにしておくと，毎日の掃除が大変やりやすくなります。

（波戸内　勝彦）

1 用具別指導のポイント

たわし・スポンジ

たわし・スポンジの指導のポイント&アイデア

①たわし

　たわしは，手洗い場やトイレ，家庭科室の掃除で活躍することが多いと思いますが，教室の掃除にも役立ちます。

　でこぼこや溝があるために汚れがとれにくい床や壁は，たわしでこすることで汚れが浮き出ることを教えます。

　掃除で使うバケツは，だんだん汚れがたまってきます。

　1学期に1度は，バケツの底やごみ箱をたわしで掃除しましょう。

　チクチクしてかたいので，掃除する場所に傷をつけそうですが，食物繊維製のたわしなら，ステンレスやタイルの目地などを傷つけることはありません。

　また，たわしは，カーペットの部屋で掃除機のかわりに使うこともできます。

　ごみを集めるように，ゴシゴシとこすりとってください。

　たわしにごみがつまった時は，よく乾かして掃除機で吸いとります。掃除機がない場合は，たわし同士をこすりつけてもごみが浮き出てきます。

　余談ですが，草引きのあとなどに爪の中に土が入った時にもたわしは使えます。

　たわしに爪を立ててごしごしこすると，爪の中の土がきれいにとれます。

②スポンジ

　学校で使うスポンジは，大きく2種類に分かれます。

　かたくてガサガサした不織布がついたウレタンスポンジと，白いメラミンスポンジです。

　どちらも，切って小さくして使えます。

　テーブルなど広いところを掃除する時は大きいままで，水道の蛇口など狭いところをきれいにする時は切って小さくして使わせましょう。

　メラミンスポンジは小さくなるので，多めに準備しておくとよいでしょう。

たわし・スポンジの指導の具体例

①たわし

　たわしは，ザルなど隙間のあるものを掃除するのに便利です。

　学校で掃除に使う場合，トイレや手洗い場のタイルの目地や教室の中のでこぼこが大きなところなどを掃除します。

　掃除に使う時は，バケツとぞうきんもセットで使用させましょう。

　バケツの水をつけたたわしでこすり，浮き出た汚れはぞうきんで拭きとります。

　たわしは水に弱いので，使い終わったら乾燥させておきましょう。

②スポンジ

　スポンジは，光沢のあるテーブルなどをきれいにするのに使えます。

　ウレタンスポンジは，水だけでなく洗剤などをしみ込ませて使うこともできます。ただし，洗剤を使わせる場合は，しっかりビニール手袋を使わせましょう。

　メラミンスポンジは水を少しつけて使います。「どこをきれいにできるかな」と投げかけると，子どもはいろいろなところをみがきます。教室の机の天板は，おどろくほどきれいになります。きれいになった自分の机を見て，喜ぶこと間違いなしです。

（黒川　孝明）

1 用具別指導のポイント

熊手・竹ぼうき

熊手・竹ぼうきの指導のポイント&アイデア

①熊手と竹ぼうきの似ているところと違うところは？

熊手と竹ぼうきの似ているところは，
- 竹でできている
- 主として落ち葉を掃除する道具である

の２点です。

違うところは形状です。竹ぼうきはまとまっているのに比べ，熊手は扇形に広がっています。この形状の違いが次のような用途や使い方の違いを生み出します。

- 竹ぼうきは頑丈なので，アスファルトやコンクリートのような地面のかたい場所で使う。熊手は壊れやすいので，土のような地面のやわらかい場所の掃除に向いている。芝生のような場所では，竹ぼうきはひっかかって掃除しにくいが，熊手は使いやすい。
- 熊手の方が落ち葉にふれる面積が広いので，広範囲の落ち葉を集めることができる。竹ぼうきは狭い範囲をさっと掃除することに向いている。
- 竹ぼうきはまとまっているので，いろいろなもの（石や砂など）を集めてくることが多い。熊手は隙間があるので，落ち葉だけを集めやすい。

この違いを意識して指導することが大切です。

熊手・竹ぼうきの指導の具体例

①持ち方と持つ手の高さ

持ち方はどちらもかわりません。最初に両手をグーにして，そこに柄の部分が入ることをイメージさせましょう。片手は柄の端の方をもち，胸の高さくらいにします。もう片方は腰の高さくらいに添えます。

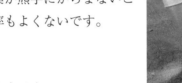

あまり重心を低くすると，腰への負担が大きくなります。特に熊手は，落ち葉が熊手にからまないことが多くなるので，作業効率もよくないです。

②使い方

指導のポイントは以下の4点です。
・下を握っている方の手を動かす（てこの原理）
・風上から風下に向かって進んでいく
・ほうきと同じように，小刻みに動かす
・竹ぼうきは力を入れすぎないで，ソフトに地面に接するようにする

前日に雨が降った場合には，落ち葉がかなり重くなっています。熊手は壊れやすいので，落ち葉が重い場合には使わない方がよいでしょう。竹ぼうきでも1回では落ち葉がとれないことが多く，3回くらい掃く必要があります。

③長く・安全に使うために

竹ぼうきは，長く使っていると形に偏りが出て使いにくくなります。意識して違う側を使うようにして，偏らないようにします。熊手・竹ぼうきともに，コンクリート管に入れるなど，保管場所を決めておくと，長く使うことができます。

（笹原　信二）

2　場面別指導のポイント

教室・黒板

教室・黒板掃除の指導のポイント&アイデア

①教室

　年度はじめに，ほうきとぞうきんの人数配分をします。

　教室内で掃除をする他の子（黒板や棚やバケツの水がえなど）も人数配分をしておきましょう。

　むだな争いをなくすためです。

　強い子が楽な仕事をとるような状況をなくします。

　ただし，クラスの成長とともに，その役割はあいまいになっていきます。

　本来ぞうきんの子が，ほうきの子が欠席しているので，ほうきをやっている。掃除後，バケツを片づけていなかったから他の子が片づける。

　そういうことを自然にできるようにしなければいけません。

　教室を半分に分けたり4分の1に分けたりして掃除をしている場合があります。

　そのやり方が悪いわけではありません。

　しかし，自分の場所だけしかやらなかったり，自分の場所が終わったら遊び始めたり，そんなことが起こるようならよくありません。

　掃除をすることで，周りに目を配ったり，思いやりをもったり，そんな大事な心の成長ができなくなります。

　教室の掃除ができない子は，他の場所の掃除もできません。

　徹底して，教室の掃除ができる子に育てたいものです。

　「クラスが成長すれば，掃除のルールは変わる」

　そう考えておきましょう。

②黒板

　黒板をきれいにするのは，掃除の時だけではありません。

　黒板の消し方は，常日頃から指導しておきましょう。

　指導しないと，勢いよく黒板消しを車のワイパーのように横に動かして消そうとします。

　その消し方だとむらができますし，チョークの粉が横に飛んでしまいます。

　まず，黒板消しを下向き斜め45度であてます。

　そして，黒板の一番上から下に向かって消していきます。

　黒板のすべての面を上から下に拭いたあとは，横に拭いても大丈夫です。

　その場合は，端から端まで拭かせます。

　まず，教師がやってみせるのがよいでしょう。

　低学年の子は，黒板の上の方は届かない場合があります。

　十分に安全な踏み台を準備しておくとよいでしょう。

教室・黒板掃除の指導の具体例

①教室

　まず，窓をあけます。

　それから，机を教室の後方（または前方）に移動させます。

　椅子を机の上に上げるかどうかは，学年によって変わります。

　高学年なら，机の上に上げても持ち運ぶことができますが，力のない低学年では難しいです。

　どちらか判断できない場合は，椅子は椅子で移動させ，机は机で移動させるとよいでしょう。

　何でも一律に考えず，クラスの様子を見ることも大事です。

　机の方に向かってごみを掃き，同時にぞうきんがけをします。（ごみを机と逆側に集める方法もあります）

　ほうきは，ごみが舞い上がらないように横に動かすように使わせましょう。

　ぞうきんがけの方法は，大きく2つあります。

1つは，両手をぞうきんの上に置き，前方に向かってダッシュする方法です。

　私は「列車拭き」と呼んでいましたが，一般的に使われる名前ではないようです。

　もう1つは，両膝をつき片手で左右にぞうきんを動かす拭き方です。

　ここでは，「ワイパー拭き」としておきましょう。

　どちらにも，よい点があります。

　「列車拭き」は，武道場でよく行われます。

　足腰を鍛えたり，体幹を鍛えたりできます。

　修行僧の方がされるぞうきんがけも，「列車拭き」でされています。

　両手に体重がかかりますので，力の入らない低学年に向いていると言えるでしょう。

　ただ，教室で行う場合，教室の前や後ろから同時にスタートすると頭と頭がぶつかることがあります。

　「列車拭き」を採用するのであれば，前から後ろに向かってというように，一方通行にする方がよいでしょう。

　けがのおそれがあるので，禁止になっている学校もあります。

　「ワイパー拭き」は，汚れた個所をしっかり確認できるのがメリットです。

　ぞうきんがけが終わったら，机を前方に移動させます。

　この時，ほうきでごみを後ろに向かって集めていきます。

　机の移動にともないごみも移動するので，気をつけましょう。

　机を前方に移動させたあとは，ほうきでごみを集め，ぞうきんがけをします。

　ぞうきんがけが終わったら，机を定位置にもどします。

ぞうきんがけではなくモップ，ほうきではなく自在ほうきという学校もあります。道具は違っても，手順は同じです。

②黒板

　黒板掃除は，次の手順で行います。
　黒板掃除は，黒板消しをクリーナーにかけてきれいにするところから始めます。
　黒板消しがチョークで汚れたままだと，黒板が白く汚れていきます。
　きれいにした黒板消しで先に書いた手順で黒板を消します。
　掃除の時間は，黒板に何も書かれていない場合でも，同様に掃除します。
　黒板の上には，少しチョークの粉が残っています。
　それを拭いていくのです。
　次は，チョークの粉を受ける溝をきれいにします。
　チョークの粉を受ける溝には，穴があいています。
　そこに，粉を入れてしまいます。
　粉を入れたら，溝はぞうきんで拭きましょう。
　粉入れの箱の中がある程度の量になったら，粉を捨てます。
　チョークの粉は，燃えるごみです（地域によって可燃ごみの種類は違うので，一応調べてください）。教室にあるごみ箱に捨てて大丈夫です。
　最後にチョークを並べて終わりです。
　黒板自体を水拭きするのは，学期終わりの大掃除だけで十分です。
　やったとしても，週に1回程度です。
　毎日水拭きする必要はありません。
　水拭きする場合，かたく絞ったぞうきんで拭いたあと，乾いたぞうきんで拭きます。
　よく乾かして使わないと，書いた文字が消えにくくなってしまうので，注意が必要です。

（黒川　孝明）

2 場面別指導のポイント

廊下・階段

廊下・階段掃除の指導のポイント&アイデア

　子ども，教師，来賓と様々な人が利用し，多くの人が目にする場所，それが廊下・階段です。花や子どもの作品を飾ったり，水槽を置いたりして，通る人を癒す空間でもあるこの場所は，ぜひ隅々まできれいにしたいところです。そんな廊下・階段掃除の指導のポイント&アイデアを紹介します。

①ごみのゴールを定める

　廊下・階段掃除の指導で，共通してまず行うことは，ごみのゴールを定めさせることです。ごみのゴールとは，ごみを最終的にちりとりでとる地点のことです。やみくもにほうきで掃いたり，ぞうきんがけをしたりしているだけでは，ごみをまとめて効率よくとることはできません。まずは子どもたちにごみのゴールを意識させましょう。

　例えば右のような廊下でごみのゴールを設定する場合，❶❷❸のどこが望ましいでしょうか。

　私が担任したある子どもたちは，廊下の真ん中（❷）にごみのゴールを設定していました。結果，掃除中に通りかかる人のじゃまになってしまったり，通りかかる人にごみを踏まれてしまったりしていました。またある子どもたちは，教室側（❶）にゴールを設定していました。設定したゴ

ールに向かってほうきで掃くことで，ごみを教室内に入れてしまうことになってしまいました。

　ごみのゴールに正解があるわけではありません。しかし，効率よくごみをとるために，ごみのゴールを子どもたちに考えさせることは大切であると考えます。

②効率のよい方向を定める

　例えば，右のような階段を掃除する際，ほうきは次のＡ・Ｂのどちらで掃いていくとよいでしょう。

A　左から右へ，右から左へ，段ごとにジグザグに掃く。

B　左から右へ，すべての段で方向を統一して掃く。

　この場合，ＡよりもＢの方が望ましいと考えます。なぜなら，Ｂの方が"ごみの移動"が少なくてすむからです。Ａのように，段ごとに方向を変えてジグザグに掃いていくと，集めたごみを右から左，左から右と，何度も移動させることになってしまいます。ごみの移動が多くなると，ごみをとりこぼしてしまい，効率が悪いです。

　廊下ではどうでしょうか。例えば，Ａのように横にジグザグにぞうきんがけをするのと，Ｂのように縦にぞうきんがけをするのとでは，効率に大きな差が出ます。Ａに比べ，Ｂのかけ方の方が止まる回数が少なくてすみます。また，Ｂの方が，廊下を通りかかる人のじゃまにもなりにくいです。

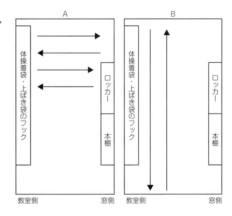

廊下・階段掃除の指導の具体例

①廊下掃除

「ごみのゴールはどこにしますか」と子どもに問いかけます。状況に適したごみのゴールを考えさせます。

ごみのゴールを定めたら，まずはほうきでごみを掃かせていきます。ほうきで掃く向きは教室側から窓側です。（教室内にごみが入るのを防ぐため）

次に，ほうきで掃いたところを，ぞうきんがけさせます。ぞうきんがけは，ぞうきんを左右に動かし，後ろに下がりながらかけさせましょう。（ぞうきんがけした個所を踏まないようにするため）

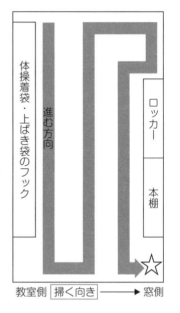

②階段掃除

階段でも，廊下同様にごみのゴールを定めさせましょう。

階段では，上段から下段に向かってほうきで掃かせていきます（ごみを下に落としていくため）。ぞうきんはほうきの後ろについていかせましょう。

階段では，姿勢が悪くなることと，掃いたところを踏んでしまうことを考慮し，自分の身は下段において掃除をさせるようにします。

階段掃除で扱うほうきは，短めのものを用意するとよいでしょう。

③「細かいところチャレンジ」

　廊下・階段掃除は，掃き掃除，拭き掃除のみという単調な作業になりがちです。

　しかし，実際には見過ごされやすい「細かいところ」が数多くあります。例えば，廊下の本棚の裏，壁の汚れ，階段のてすり，階段のすべりどめの溝などです。

　このような「細かいところ」へ目を向けさせるためのアイデア，「細かいところチャレンジ」を紹介します。

　掃き掃除，拭き掃除が一通り終わった廊下・階段掃除の子どもたちに次の問いかけをします。

　「みんなが担当する廊下（階段）には，多くの人が見過ごしてしまうような細かい掃除場所がたくさんあります。気づいた人はいますか」

　まずは，自分たちの掃除場所を観察させましょう。例えば，次のような答えを子どもたちから引き出します。

廊下：本棚の裏，体操着袋かけの下，壁の汚れ
階段：てすり，すべりどめの溝，階段の縦の側面，壁の汚れ

　多くの気づきが出されたところで，次の言葉かけをします。

　「よく気づきましたね。ではそのような，みんなが気づきにくい"細かいところ"をどれだけきれいにできるか，チャレンジしてもらいます」

　子どもたちは，自分が気づいた"細かいところ"を懸命に掃除し始めます。

　ある子どもは，階段のすべりどめの溝のごみに気づき，名札のピンを使ってとり始めました。

　またある子どもは，本棚をどかして見つけた大量のほこりをうれしそうにとっていました。

（古橋　功嗣）

階段のすべりどめの溝

2 場面別指導のポイント

手洗い場

手洗い場掃除の指導のポイント＆アイデア

①ゴールは「きれいに乾く」こと

　手洗い場には，大きく分けて２つの汚れがつきます。それは，水垢と手垢です。この汚れを落とすために必要な道具は，スポンジとぞうきんです。スポンジは水垢・手垢をこすって汚れを落とすために，ぞうきんは手洗い場周りの水気をとるために使います。

　手洗い場掃除の指導で大切なポイントは，「きれいに乾く」ことです。掃除をしたあとも手洗い場が濡れたままでは，新たな水垢が残ってしまいます。ですので，スポンジで汚れを落としたあとには，乾いたぞうきんで濡れているところをみがくように指導します。

ぞうきんは，手洗い場用と床用の２枚を用意します。手洗い場用ぞうきんでは主にシンクの壁や蛇口をみがき，床用ぞうきんでは手洗い場付近の床をみがきます。掃除以外で床が濡れてしまった時すぐに使えるように，手洗い場のところにかけておくと便利です。

②"あったら便利"な４つの道具

　手洗い場掃除にあったら便利な道具が，次の４つです。

- ゴム手袋：手荒れ防止のため，冬場に冷たい水にふれないようにするために，ゴム手袋があると便利です。厚手のゴム手袋と使い捨てのゴム手袋がありますが，厚手のゴム手袋を使う場合，ゴム手袋

に雑菌が繁殖してしまうため，定期的に手入れが必要です。また，排水口を掃除する時には，衛生的にもゴム手袋があると子どもも安心して掃除することができます。

- 歯ブラシ ：蛇口の隙間や細い溝などスポンジが入りにくくみがき残しが出てくる場所に使います。スポンジと違ってブラシの部分がかたいので汚れがこびりついているところをこする時にも有効です。
- 新聞紙 ：鏡を拭く時に使います。濡らした新聞紙で鏡を拭いたあと，乾いた新聞紙でさらに拭くと，汚れがとれます。新聞紙のインクには水垢などの汚れをとり，さらに，汚れがつきにくくなる作用があるので，効果的です。

- 洗剤 ：スポンジでこするだけでも十分，水垢を落とすことはできますが，汚れが落ちない時には洗剤を使います。学校によっては週に1回と，洗剤を使う日を決めているところもあります。洗剤を使ったあとは，泡も全部流し，泡と水気が残らないようにします。

③週に一度の"排水口"掃除

　排水口は汚れのたまりやすい場所です。排水口にごみや汚れがたまっていると，排水口がつまったり，においやぬめりの原因になったりします。

　しかし，子どもたちはどうしても目に見えるところだけの掃除で満足してしまいます。また，排水口の掃除の経験も少ないです。ですので，年度はじめに「○曜日は排水口掃除の日」と設定し，最初は子どもと一緒に排水口の掃除をしながら，掃除の仕方を指導します。

　排水口の掃除をする時は，スポンジだけでなく"あったら便利"な道具の中の〈ゴム手袋〉〈歯ブラシ〉〈洗剤〉を使うと，よりきれいで清潔な排水口となり，手洗い場の衛生状態が保たれます。

手洗い場掃除の指導の具体例

①手洗い場でも"高いところから低いところへ"

掃除の基本である"高いところから低いところへ"を，手洗い場掃除でも活用します。大まかに分けると，手洗い場付近の壁，蛇口，シンクの壁，シンクの中，手洗い場付近の床の順で掃除をさせます。

以下に，手順の例を示します。

---

❶手洗い場付近の壁を，水で濡らしたスポンジ（またはぞうきん）で拭き，汚れを落とす。

❷蛇口を，水で濡らしたスポンジや歯ブラシを使ってみがく。

❸シンク部分の壁を，水で濡らしたスポンジでみがく。

❹シンクの中を，水で濡らしたスポンジでみがく。

❺❶〜❹でみがいたところを，乾いたぞうきんで拭き，水気をとる。

❻手洗い場付近の床を，乾いたぞうきん（床用）で拭き，水気やごみなどの汚れをとる。

※排水口の日（○曜日）は，最初に排水口の掃除をする

❶排水口のフタを，洗剤を含ませたスポンジでみがく。

❷ごみ受けのごみをとったあと，歯ブラシで網目部分の汚れをとる。

❸排水口の中を，水で濡らしたスポンジや歯ブラシを使ってみがく。

シンクの中をみがく時は排水口に向かってみがくなど，みがく方向を決めておくと，みがき残しがなくなります。スポンジで汚れを落としたあとは，乾いたぞうきんで濡れているところを拭き，水気や水垢が残っていないかを確認させます。

②手洗い場が"鏡"になるように

　手洗い場は，子どもたちが毎日使う場所です。だからこそ，清潔に保つ必要があります。そこで，手洗い場が清潔でピカピカな状態を子どもたちに実際に見せたり，写真を見せたりして，きれいな状態を把握させておきます。その際に，水垢が残っている状態の手洗い場と比較して見せると，違いがわかりやすいです。高学年であれば，「この（白っぽい）汚れのもとは何でしょう」とクイズを出しながら，水垢とは何かという知識や濡れたままだと汚れが残ることを教えます。

　また，手洗い場がステンレスの場合は，「手洗い場を鏡のように，自分の顔や蛇口などが映るようにしよう」ときれいな状態とはどんな状態なのかを伝え，ゴールを示します。きれいな状態（ゴール）を知ると，子どもたちはその状況に近づけようと，一生懸命に掃除に取り組みます。

③"汚れたその場ですぐに掃除"を習慣に

　手洗い場では，絵筆を洗った水を流したり，書道で使った水を流したりします。絵の具や墨汁の汚れは，普段の水垢と違って目立つとともに，そのままにしておくと汚れがとりづらくなります。絵の具や習字道具を使ったあとには，教室・廊下の床だけでなく手洗い場も簡易清掃するようにしましょう。本来は汚した本人が汚れをとるべきですが，次々と手洗い場に水を流しにくる子がいるので，あらかじめ分担場所を決めておき，授業が終わる3～5分前に簡易清掃を行います。手洗い場は，特に絵の具や墨汁の汚れが残らないようにスポンジで汚れをとり，最後に乾いたぞうきんでみがく仕上げを忘れないように指導します。

　このように，絵の具や習字道具を使う授業のあとには手洗い場も掃除し，手洗い場に絵の具や墨汁の汚れを残さないようにするまでが片づけであることを，年度はじめに徹底しておきます。どの掃除場所でも言えることですが，「汚れたその場ですぐに掃除」を合言葉にしておくと，汚れが残らず清潔な手洗い場を保つことができます。

（加藤　百合絵）

2 場面別指導のポイント

トイレ

トイレ掃除の指導のポイント＆アイデア

①トイレ掃除の手順を知らせる

　毎日の掃除時間のトイレ掃除については，ダスキンの「掃除教育カリキュラム」が大変参考になります。子どもたちには，このカリキュラムをもとにトイレ掃除の手順を示しました。

②道具をそろえる

　トイレ掃除用の道具がそろっている学校は多くないように思います。

　特に掃除用のシューズです。トイレ掃除は水を使いますのでどうしても足が濡れます。長靴でもよいのですが，衛生的で軽くて履きやすい風呂掃除用のシューズ（写真）も便利です。

　便器の掃除は，普段はトイレブラシで十分ですが，汚れがひどい時は，たわしやサンドメッシュでこすった方がきれいに汚れを落とせます。これらを使用する時は衛生面を考えて，ゴム手袋を準備します。厚手のゴム手袋でもよいのですが，最近は，１箱100枚入りの使い捨てのゴム手袋もあります。

　トイレ掃除用のぞうきんは，タオルをそのまま使用する方が便利です。便器用，床用，壁用，手洗い場用などそれぞれ準備します。また，大きなスポンジ（写真）があれば壁や床みがきに役立ちます。

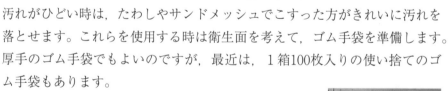

③後片づけも大切に

　後片づけまでが大切な掃除指導です。トイレの掃除用具はできるだけ清潔にしておきたいものです。無造作に掃除用具入れに道具をしまうのではなく，後片づけまでが掃除だという気持ちを育てましょう。

　そのためには道具をできるだけ衛生的に片づけやすい場をつくる必要があります。ほうきやブラシはつるして保管します。ぞうきんも乾きやすいように，ぞうきんかけを準備します。

④大掃除

　学期に1回のトイレの大掃除（写真）をおすすめします。学級または学年で，学校中のトイレの大掃除をします。くわしくは114〜115ページで紹介しています。一度，大掃除でトイレをピカピカにしておくと，毎日の掃除がやりやすくなります。また，大掃除を  経験した子どもたちは，トイレ掃除に対する意識が高くなります。

⑤手順を明記する

　下記のトイレ掃除の指導の具体例で，普段の掃除の手順を紹介しています。この手順を示した用紙をラミネートしてトイレに貼り，その手順にしたがって掃除をしていくと効率よくできます。

トイレ掃除の指導の具体例

　以下に，トイレ掃除の手順を紹介します。

①換気をする

　まずは，窓をあけて換気をします。

②床を掃く

　大便器の部屋，そして床を隅々までていねいにほうきで掃いてごみを集めます。集めたごみはちりとりでとります。

③便器をみがく

　大便器，小便器に水をかけてトイレブラシでみがきます。バケツやホースを使って水をかけていますが，ダスキンの「掃除教育カリキュラム」ではじょうろを使っています。じょうろの方が，水の節約ができます。

　見えているところだけでなく，便器のフチ裏までみがくことを伝えます。汚れがひどい場合は，トイレ用洗剤中性タイプを使ってみがきます。

トイレ掃除これでばっちり！
トイレ掃除のプロをめざそう
①窓をあけます
②床のごみをほうきで集めます
③水をかけて便器をブラシでみがきます
④床に水をまきデッキブラシでみがきます
⑤便器をぞうきんで拭きます
⑥床の水を拭きとります
⑦手洗い場をきれいにします
⑧水をきって道具を片づけます

④床をみがく

　床に水をまき，デッキブラシや大きめのたわしでみがきます（写真）。特に，便器の周りは尿が飛び散っていることがあるので，念入りにみがきます。汚れが目立つ場合はトイレ用洗剤を使ってみがきます。みがき終わったら水を流し，汚れを洗い流します。

⑤便器を拭く

　便器は濡れたままにしないでかたく絞った便器用ぞうきんで拭きます。大便器は，フタ，便座を先に拭きます。小便器もかたく絞った便器用ぞうきんで上から下へ拭いていきます。

⑥床を拭く

　しっかり掃除をしても，床がびしょびしょになったままでは不十分です。できるだけ水を拭きとります。

　T字の大きな水きりワイパーがあれば便利です。一気に水分をとることができます。ない場合は床拭き用のぞうきんで床を拭きます。ぞうきん（タオル）を横長に大きく広げ，両端を持って床の上を引いていくとタオルでも水きりワイパーのように水分をとることができます（写真）。床用のモップがあれば，さらに便利です。

⑦手洗い場をきれいにする

　最後に手洗い場をきれいにします。

　スポンジやたわし，古い歯ブラシなどを使って隅々まできれいにみがきます。

　その後，手洗い場用のぞうきんで，鏡や蛇口も拭きます。

　仕上げは，乾いたタオルで拭きます。

⑧掃除用具を片づける

　掃除が終わったら，掃除用具をきれいに洗います。洗った掃除用具はしっかり水きりをして片づけます。乾燥しやすいようにつるして干しましょう。

　高学年になるとトイレ掃除の担当をすることが多いです。掃除を学級づくりの柱の1つにして，自分たちの学校のトイレを自慢できるようにピカピカにしたいという意識をもたせましょう。

（波戸内　勝彦）

2 場面別指導のポイント

体育館

体育館掃除の指導のポイント&アイデア

　体育館は他の教室と比較してとても広いです。また，体育館倉庫や舞台袖やトイレなど，区切られた部屋も複数あります。掃除道具も，モップやワックスや掃除機など他の教室と違ったものを使用します。こうして見ると，体育館の特異性がわかります。

　体育館掃除で一番注目する点は，フロアのモップがけです。いかに効率よく，そして，拭き残しなくきれいに仕上げるか。これがポイントとなります。

　また，毎回，全部の部屋を掃除するのは困難です。もし掃除をするとなると，場所がたくさんあることで，十分に指導が行き届きません。では，どのように掃除をするのか。そのアイデアが求められます。

①「一緒に合わせて掃除する」がポイント

　体育館は広いし，掃除個所も多いです。それぞれが思い思いに掃除すると，きれいに掃除できているところとできていないところがあったり，掃除の仕方がわからず困ったり，指導の目が行き届かず遊んでしまう子どもが出たりします。

　そこで，ポイントになるのが，「一緒に合わせて」です。

　例えば，フロアのモップがけは，全員が並んで一斉にかけます。あとに書きますが，こうすることで拭き残しがなくなります。

　また，同じ日に同じ場所を全員で掃除します。こうすることで，全員に掃除の仕方を指導できます。また，教師の目が行き届くので，掃除をさぼることがなくなります。

体育館は広いからこそ，一緒に合わせて掃除することがポイントになるのです。

②場所をローテーションして掃除するアイデア

例えば，体育館の中に，ステージ，フロア，両舞台袖，体育館倉庫，トイレ，2階があるとします。これらを一度に行うのは困難です。よって，これらをいくつかのグループにまとめます。

例えば，「ステージ，フロア」をA，「両舞台袖，体育館倉庫」をB，「トイレ，2階」をCのように3つに分けます。まず，1日目はAの掃除の仕方を全員に指導します。2日目はBの仕方を，3日目はCの仕方をといった具合に行います。4日目からは，また，A→B→Cの順で行っていきます。初めの3日間で全員に指導ができていれば，次からは，子どもたちの動きを見ながら，必要な時だけ指導を入れればよいでしょう。子どもたちが掃除の仕方を理解し，自分たちで掃除をすることができるようになれば教師も一緒になって掃除をします。

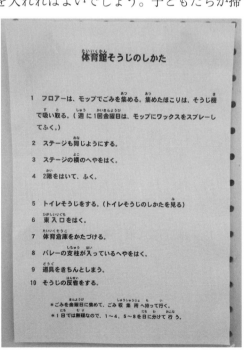

こうして，何日間かに分けて掃除をするようにすれば，無理なく全個所を行うことができます。

なお，このローテーションについては，体育館掃除の仕方と同様に，壁に掲示しておくとよいでしょう。

体育館掃除の指導の具体例

掃除時間が始まったら，まずは全員で集まって，今日の掃除の場所と担当を確認します。

それから，体育館モップ（白色で薬品のついていない幅90cm程度のもの。黄色のモップは使用しない）を4〜5本使用します。

横一列にモップを持って並びます。互いのモップをくっつけます。これが「位置について」です。（後ろの壁とモップまでの間は拭き残しになるので，拭いてから位置につきます）

「用意」で，モップの柄を上から押さえるように握ります。（少し力を加えないとしっかりごみをとりのぞくことができません）

「ドン」で一斉に拭き始めます。ただし，モップを隣と離さず，歩きながら拭きます。こうすることで拭き残しがなくなります。（次ページの図の①の矢印）

向かいの壁まで進んだら，モップについたごみをよくふるって落とします。それから，方向転換をします。

全員が方向転換をしたら，再度，全員で並んで一斉に拭きます。もときた方向に帰るようにします。この時，先ほど拭いた面の横を拭くようにします。

向かいの壁まで行ったら，今度はごみを落とさないまま方向転換をします。そして，また一斉に並んで拭き始めます。これを繰り返します。(②の矢印)
　こうして体育館の端まで拭くと，ステージ側に全部のごみが集まることになります。これを両サイドから挟みうちするよ

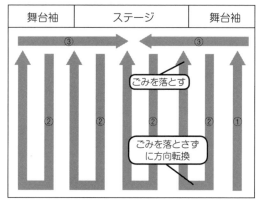

うに拭いて，ぶつかったところでごみをしっかりふるい落とします。(③の矢印)
　ここに集まったごみは，体育館用の掃除機(家庭用より大きなもの)できれいに吸いとります。
　以上のように全員で並んでモップがけを行うと，スピーディーかつ拭き残しなしで，きれいにフロアを掃除できます。
　なお，ジムコンディショナーがある場合は，スプレー容器に適量を入れて，上記のようにモップがけを行ったあとに，房からたれない程度に軽く吹きつけて，モップがけを行います。一往復するたびにスプレーします。一度はごみを集めていますので，そんなにごみは残っていないはずです。途中でごみをふるい落とすことはしません。全面をモップがけしたあとに，ごみを1か所にふるい落とします。このごみも掃除機で吸いとります。また，使用したモップには小さなごみがくっついています。ほうきなどでモップについたごみもとりのぞいておく必要があります。
　ここまで掃除したあとに，斜めから床を見ます。白い個所があれば，まだほこりが残っています。それがなければきれいに仕上がっています。こういうチェックを子どもにさせると，達成感をもたせることができます。

（高本　英樹）

2 場面別指導のポイント

昇降口

昇降口掃除の指導のポイント&アイデア

　昇降口は学校の顔です。保護者や地域の方だけでなく，業者の方も通ります。だれが通っても，掃除が行き届いているなと感じてほしい場所です。

　昇降口で，すぐ目につくのが下駄箱です。この下駄箱がきれいに掃除できているかどうかが，この場所のキーポイントになります。

　また，昇降口の床には土が上がってきます。床に土が残らないように掃除することもきれいに見せるコツです。

　昇降口の面積はさほど広くはないかもしれません。しかし，下駄箱の靴入れをすべて掃除するとなると，どうでしょう。

　実は，昇降口の掃除には結構な時間がかかるのです。

　しかし，担当者の数はせいぜい２〜３人です。

　よって，昇降口の掃除にはスピードが要求されます。この課題をクリアする掃除のアイデアが必要です。

①「上から下へ」を掃除の原則とする

　昇降口の掃除で，下駄箱掃除と床掃除を同時に始めると失敗します。下駄箱の靴入れを掃除すると土が床に落ちるのに，同時に床を掃いてしまっているからです。せっかく掃いた床に，土が落ちてしまうという結果になります。

　そうならないために，下駄箱の靴入れをすべて掃除し，これ以上，土が落ちてこないようにしてから，床を掃くようにします。これが原則です。

②流れ作業でスピードアップ

　下駄箱の全靴入れを掃除するには，「靴を出す」「枠の中を掃く」「枠の中を拭く」「靴をもどす」という仕事内容があります。これを１人で行っていては，とても効率が悪く，時間がかなりかかります。そこで，３人で１組になって作業します。まず，１人目が２～３人の靴を出し，靴の裏同士を「パンパン」と合わせて土を落とします。その間に，２人目が，小さなハケで靴入れの枠の中を掃きます。掃き終えるとただちに，３人目がぞうきんで枠の中を拭きます。拭き終わるとすぐに１人目が靴をもどします。この流れを続けます。

　こうすると流れ作業で掃除が進むので，むだが少なく，早く掃除を完了することができます。

昇降口掃除の指導の具体例

　まずは，掃除の手順を確認します。（右の写真のように，手順を掲示しておくとよいです）

　その後，役割を分担します。それから，掃除にとりかかります。

　最初に，すのこやマットや傘立てを移動させます。

　そして，前述したように下駄箱を流れ作業で掃除します。

　靴の裏についた土を落としておくのは，せっかくきれいにした靴入れに，靴についた土が落ちるのを防ぐためです。

一度に全員分を出してから、靴入れを掃く方法もありますが、だれの靴かわからなくなってしまうことがあるので、2〜3足ずつにした方がよいでしょう。

また、靴の土を落とすのは、なるべく昇降口を出たところで行います。その方が、床を掃くのが楽です。

ハケで掃く際には、四隅をしっかり掃くようにします。掃き残した土がたまりやすいからです。

ぞうきんで拭く時も、隅をしっかり拭くようにします。

なお、ぞうきんはすぐに汚れるので、途中で水洗いしながら拭きます。汚れたままのぞうきんでは、拭いてもきれいに土がとれません。

使用していない枠の掃除もします。

使っていない枠をそのままにしているのをよく見ます。使用していなくてもほこりはたまります。特に一番下の段は、落ち葉なども入り込んでいる場合があります。

下駄箱のすべての枠が掃除できたら、下駄箱の上や側面を拭きます。こうしたところにもほこりがついているからです。

こうして下駄箱掃除が終わったら、床を掃きます。

上がり口から玄関へ向かって掃きます。

土は、外へ掃き出さず、ちりとりでとってごみ箱に入れます。

こうしないと玄関口に土がたまり、そこを踏むことで、また、土が中に入ってきます。それを防ぐためです。

床が掃けたら，すのこをぞうきんで拭いてもとの場所にもどします。すのこの裏も拭くようにします。

　傘立ても立てている傘をよけて，掃き掃除をします。傘をもどす時は，傘を垂直に立てた状態で並べます。

　マットは，玄関口でよくはたいてから中に入れます。マットにはかなりの量の土がついているはずです。マットを持ち上げて，ほうきの柄でたたいて土やごみを落とします。マットが重くて持ち上げられない場合は，地面に置いたままで，しっかりマットを掃き，それからもとの位置にもどしましょう。

　最後にもう一度，下駄箱です。下駄箱に入れた靴をチェックします。靴のかかとの部分をそろえ，下駄箱の手前のラインにかかとの位置を合わせます。

　ここまでできて掃除終了。出来栄えを少し離れた位置から見ると，気持ちのよい昇降口になっていることに気づくはずです。

　昇降口は担当の先生が常時はりついていない場合もあります。教室とかけもちで担任が担当する場合など，目が届かない場合もあります。

　そうした場合は，昇降口にご意見箱と用紙を準備しておきます。掃除の出来栄えをほめてあげるようなメッセージを書いて箱の中に入れてあげます。他の教員にもお願いしておけば，感謝のメッセージが届き，子どもたちの励みになります。

（高本　英樹）

| 2　場面別指導のポイント |

外庭・運動場

外庭・運動場掃除の指導のポイント&アイデア

　外庭・運動場掃除は，学校が立地している地域の差や植木の種類などによってやり方が変わります。
　冬は雪が多い地域もあるでしょうし，まったく雪が降らない地域もあるでしょう。
　季節によって，落ち葉の量にも違いがあります。
　ずばり，外庭・運動場掃除の指導のポイントは，
「季節により，どんな掃除をするかを明確にする」
これにつきます。
・草を抜く
・落ち葉を集める
・ごみを拾う
　何をするのかを明確にしましょう。
　できれば，年度当初に説明しておいた方がよいでしょう。
　落ち葉が多い時期や草が伸びる時期などは，教師によって人数を増やすのも1つの方法です。
　しかし，班編成などの関係で，「時期によって，掃除の人数を増やしたり減らしたりするのは難しい」学級があるかもしれません。
　そのような場合は，掃除の時間の後半に「教室掃除が上手な子」を外庭や運動場にまわすということもできます。応援隊を出すわけです。
　子どもは，外庭・運動場掃除が好きです。
　掃除の時間の後半に，外庭・運動場掃除ができるとなれば，はりきって教

室の掃除をすることでしょう。

　ただし、外庭・運動場掃除は、教師の目が届きにくい場合があります。外庭・運動場掃除が遊びの時間になってしまう場面を何度も見てきました。

　私の場合、まず「教室掃除が上手」と教師に認められた子だけが外庭・運動場掃除をしてよいことにしています。

　当然、全員が掃除を上手にするように指導や評価をします。

　そして、最終的には、だれもが外庭・運動場掃除をまじめにやってくれるようにしていきます。

外庭・運動場掃除の指導の具体例

　教室と違い、外庭・運動場は他のクラス・他の学年の子も使います。
　「公」の場を掃除しているという意識を育てたいものです。
　時には門を少し出て、周りの道路や駐車場なども掃除してみましょう。
　周りの人の役に立っているという実感がわいてくると思います。
　外庭・運動場掃除とひと言で言っても、場所によってやることが変わります。
　以下、草抜き、落ち葉集め、ごみ拾いの順に書いていきます。

①草抜き

　まず、草抜きのやり方です。
　草抜きは、軍手をしてやりましょう。
　皮膚が弱い子がかぶれるのを防ぐためです。
　マダニ対策にもなります。
　草は根元から抜くようにします。根を残しておくと、また生えてくるからです。
　おすすめは、草抜きの道具を使うことです。100円ショップにも置いています。手も汚れませんし、抜きやすいし、力の弱い小学生には一石二鳥です。

1人に1枚,ビニール袋を持たせて掃除をさせるのも,1つのやり方です。

そうすると,だれがどれだけ草抜きをしたのかが明確にわかります。

時には,グループ対抗にして競争するのも楽しいです。

余裕があれば,袋の数を数えて記録しておくのもよいでしょう。

「がんばり」の目安ができます。

②落ち葉集め

次は,落ち葉集めのやり方です。

使う道具は,竹ぼうきか熊手が一般的でしょう。

落ち葉の落ちている場所がやわらかい土の場合は熊手がよく,アスファルトのようにかたい地面の場合は竹ぼうきが使いやすいです。

どちらにしても,落ち葉集めは晴れた日にすることをおすすめします。

落ち葉が乾いて軽くなり集めやすいからです。

地面に雨が残っているような日は,落ち葉が濡れていて集めにくいだけでなく,熊手や竹ぼうきを汚してしまいます。

落ち葉は,側溝にも落ちてつまらせることがあります。

時々は,側溝の落ち葉も掃除しましょう。

落ち葉は,腐葉土にするなど再利用もできます。

ただし,イチョウの葉は腐りにくいので,腐葉土をつくるのには向きません。

ビニール袋に入れ,燃えるごみとして出すなど,学校のルールに沿った処

分の仕方をしましょう。

③ごみ拾い

　学校によっては，多くの地域の方がイベントで学校を使われることでしょう。

　私の勤務する学校では，夜間に体育館や運動場を地域の方が使います。

　また，土曜日や日曜日に，小学生だけでなく中学生が遊びにくることもあります。

　その時に，一部の方がごみを残される場合があります。

　そのようなごみがないか確認したり拾ったりするのも外庭・運動場掃除の仕事です。

　ごみ拾いをする場合は，ビニール手袋を使うかごみ拾い用のトングを持ってやりましょう。

　トングを使うと，必要以上に腰をかがめなくてすむので楽になります。

　ごみを入れる袋も，燃えるごみとそれ以外を分けて入れられるように2枚持っていくと，あとで分別する必要がなくなります。

④それ以外

　外庭や運動場には，砂場があったり，腐葉土置き場があったりします。

　そのような場所は，学校によって，だれが掃除をするか決まっています。

　掃除をする担当がいないことがないように気をつけましょう。

　運動会の前などには，運動場の小石を拾ったり，コートブラシをかけたりしましょう。

　砂場は，いつも体育で使えるようにします。

　小石や小枝をとりのぞき，かたまっている部分をシャベルでほぐしておくとよいでしょう。

（黒川　孝明）

2　場面別指導のポイント

家庭科室

家庭科室掃除の指導のポイント&アイデア

①見えない汚れがいっぱい

「先生，どこを掃除すればいいですか？」

家庭科室の掃除の担当になった子は，必ず質問をしにきます。片づけられた家庭科室には，汚れた部分がないと思っているのです。

家庭科室は，部屋中，調理で使った油で汚れています。

しかし，子どもたちの目には見えていないのです。

調理で使った油の粒子は，調理によってあたためられた空気に運ばれて，コンロの周りだけでなく，広い範囲に飛び散ります。子どもたちは，この原理を知りません。だから，コンロの周りがきれいになっていれば，それ以上掃除をする必要がないと捉えてしまうのです。油に色がついていれば，原理を知らなくても気づくことができるのかもしれませんが，透明なので，コンロから離れた部分が汚れていることに気づかないのです。

家庭科室の掃除のポイントは，一見きれいに見える家庭科室が予想以上に汚れていることに気づかせることです。

家庭科室掃除の指導の具体例

①予想を覆して印象づける

まず，子どもたちを家庭科室へ連れて行きます。

そして，以下のように指示をします。

「今から５か所，掃除が必要か必要でないか聞きます。必要だと思う人は挙手をしてください。答えは，最後に示します」

そして，5か所を指します。(汚れに応じて提示する場所を決めます)

❶コンロの周り
❷机の周り
❸床
❹机
❺出入り口の扉

❶は，「焦げかすや，油の塊があるから」という理由で，ほぼ全員が挙手するでしょう。しかし，❷～❺は，意見が分かれます。ごみがないから，掃除をしなくてもいいんじゃないかという意見が多くなるのです。❺については，ほぼ全員が必要ないという意見になるでしょう。

そこで，❶から❺のすべてが，掃除が必要であると伝えます。

そして，「どうして？」とおどろく子どもたちに，油の粒子の話をするのです。

「きれいに見える扉には，目には見えない油がついているのです。水で拭いても落ちません。魔法のお水が必要です」と言って，水500mlに対して小さじ4杯程度の重曹を溶かした水をスプレー容器に入れて用意します。スプレーをして，真っ白なぞうきんで拭きとると，一気にぞうきんが汚れます。汚れたぞうきんを見た子どもたちは，掃除の必要性を深く感じるようになるのです。

ツルツル&キュッキュ

「指を使ってツルツル&キュッキュではないところを探します。探したら，魔法の水をかけて，乾いたぞうきんで拭きます。最後は，水で濡らしたぞうきんで拭きましょう」と，「ツルツル&キュッキュ」という合言葉を使って指示をします。最初は，どこをさわっても「ツルツル&キュッキュなんじゃないの？」と子どもたちは尋ねてくるかもしれません。しかし，回数を重ねるうちに，「ツルツル&キュッキュ」がわかるようになります。指先に集中しなければならないので，気持ちも掃除に集中するようになります。

次に調理室を使う人のために

「先生，もう，掃除をするところはありません」

子どもたちが「ツルツル＆キュッキュ」の合言葉を使って見えるところをピカピカにできたなと確認したら，学級活動の時間に次のように話します。

「（家庭科室の全体がわかる写真を提示して）家庭科室の掃除を担当する子が，とってもがんばってくれたので，家庭科室は，見えない油やほこりもなくなって，ピカピカになりました。でも，まだまだ，きれいにするところは，残っています。わかりますか？」

「えっ？」とおどろく子どもたちに，食器棚の写真を見せます。

掃除は見えるところの汚れをとればよいと思っている子どもたちは，食器棚の写真を見て，ハッとすることでしょう。

その後，子どもたちに伝えたいメッセージを黒板に示し，音読させます。

「次の人が，使いやすい食器棚になっていますか？」

子どもたちは，黒板のメッセージから，写真の中の茶碗や皿がすべて整っていないことや，整っていないと次の人が使いづらいことに気づき始めます。現在の掃除の不十分さを少しずつ実感していくのです。

「見えないところは，気にしなくてもいいですか？」

質問に続いて箸やスプーンが乱れて入っている引き出しの写真を見せます。

最後に，「まだまだ家庭科室掃除でできること」を発表させて話を終えます。子どもたちは見えるところの汚れをとるだけが掃除だと思っています。そうではありません。次の人が使いやすいように道具を整えることも掃除です。特別教室には，教室と違ってみんなで使うものがたくさん置いてあります。ですから，教室の掃除では気づくことができない視点を子どもに学ばせることができます。

家庭科室だからこそ必要な掃除を子どもたちに考えさせるとよいでしょう。

水に気をつけろ！

家庭科主任になると，全職員に必ずお願いすることがあります。
❶調理をしたあとは，シンクの中に，水が一滴も残っていないように，掃除をしてください
❷排水口のフタは，閉めないでください

調理後に掃除する場所の1つとして，シンク周りがあります。
ここで，気をつけることは何でしょうか。

1つ目は，三角コーナーが野菜の切りくずや，あまった汁などで汚れたままになっていないことです。

2つ目は，排水口のごみ受けの隙間や，ワントラップの部品の角まで，汚れがとりのぞかれていることです。

3つ目は，水封の水の中にごみがなく，澄んだ水になっていることです。

多くの教師は，これで「終了！」としてしまいます。食の安全を考えると，ここで，終わらせてはいけないのです。4つ目がとても大切なのです。

4つ目は，シンクの中に水が一滴も残っていないことです。そして，掃除の最後に，排水口のフタを閉めないことです。

写真では，ほんの少しの水滴が，シンクに残っています。これくらいなら大丈夫と思いがちですが，この状態のまま，排水口のフタを閉めると，季節にもよりますが，数週間で，カビが発生します。学校の家庭科室は，家庭の台所と違って，毎日使われません。学校によっては，毎日掃除をしないところもあります。閉めきった部屋の中の，密閉された排水口に水気があれば，カビはどんどん繁殖するのです。調理実習を楽しみにしていた子どもたちが，カビが発生したシンクを見たらどう思うでしょうか。調理後の掃除も普段の掃除も，4つの視点を意識して，指導をすることが大切です

(猪飼　博子)

2 場面別指導のポイント

理科室

理科室掃除の指導のポイント&アイデア

①理科室掃除で気をつけること

　理科室といっても，学校によって微妙に違う部分があるでしょう。学校規模や学校の歴史とも大きく関係します。ここでは，大きな机が6～9つ並んでいる理科室をイメージしてください。

　理科室には，たくさんの備品やガラス製品があります。したがって，理科室の

掃除は安全面にもっとも気をつけなければなりません。通常の掃除時間では，3～5人程度で掃除することが多いと思います。きれいにする，ということよりも，整理整頓する，きちんと片づけることを意識させましょう。

理科室掃除の指導の具体例

①日常の掃除の仕方

　理科の授業の中できちんと後片づけが終わっているならば，日常の掃除時間では「掃く」「拭く」が中心になります。人数や時間，机の大きさなどの理由から，教室のように机・椅子を前方や後方に移動させるということは困難です。机を移動させずに，この列はだれがするなど場所を決めて，一人一人に役割をもたせましょう。

　掃除を行う手順を決めて，習慣化させます。一例として，次のような順序をあげておきます。

❶台拭きで机の上を拭く

　消しゴムを使ったあとや，実験で使った粘土などのあとが残っている場合があるので，先に机の上を拭きます。

❷黒板の溝を拭く

　チョークの粉がたまっていることがあるので，先に拭いてしまいます。

❸ほうきで掃く

　机の下にごみや綿ぼこりがたまることが多いので，重点的に行います。

　まず，椅子を机の上に上げます。理科室の椅子は，危険の際に逃げやすいように箱椅子または丸椅子になっていて，背もたれがありません。したがって，椅子を机の上に，集中して集めることができ

ます。こうすることで，机の下の掃除が簡単になります。机の下にたまったごみや綿ぼこりを，ほうきで掃きます。

❹床を拭く

　いわゆる「ワイパー拭き」でよいですが，備品やガラス製品に注意して床を拭きます。

　理科室の床の材質は，学校によって様々です。タイルやフローリングの床が多いでしょうが，ゴムのような素材でできた床もあります。材質に応じたぞうきんのかけ方をします。

　短い時間・人数で，何年分もの床の汚れをきれいにするのは難しいので，大掃除や長期休業を利用しましょう。

②水まわりの掃除

　理科室でもっとも汚れそうな場所の1つが水まわりです。ここは特に清潔に保つようにします。

　水まわりの掃除は大変ですが、美しくなったことが実感しやすいです。時間があれば、日常の掃除でもできるだけ取り組ませましょう。

　最近では、各種のスポンジが100円ショップなどで購入できます。クレンザーを利用してみがきますが、最近では、クレンザーを含んだスポンジも購入できます。また、使えなくなった歯ブラシは、細かい部分をみがくのに便利です。

　教師がやり方のモデルを示して取り組ませると、おどろくほど美しくなります。

　比較的新しくできた学校は、理科室の机に水道がついたタイプが多いです。教卓も入れると10か所程度になるので大変ですが、できるかぎり日頃から、水まわりを美しくする習慣をつけさせるようにしましょう。

③長期休業前後の掃除

❶床の掃除

　長期休業前に、大掃除が組まれている学校も多いでしょう。

　床をきれいにするチャンスですし、夏休みの間にたまるごみが床をどんどん傷つけてしまうことを防ぐことになります。

　汚れを生む一番の原因は消しゴムのかすです。消しゴムをプラスチックに長時間のせておくと、とれにくくなったり、曲がってしまったりします。そ

れと同じように，消しゴムのかすを夏休み中放置すると，床にかすがへばりついたり，傷つけたりします。消しゴムのかすは，しっかり掃かせます。

床があまりにも汚れている場合には，ぞうきんとクレンザーを使って，ピンポイントでみがきます。結構力がいりますが，きれいになったことが目に見えてわかるので，やりがいがあります。

❷水まわりの掃除

長期休業前は，水まわりを清潔にすることに重点を置きます。夏休みの間に腐敗臭がたちこめる，などということがないようにしましょう。

長期休業後は，水道水がにごっている可能性があるので，一度出しっぱなしにしてから，使用します。

④片づけを簡単にする教師の工夫

理科室を気持ちよい空間にするために，教師が行う工夫について，まとめておきます。

- 燃えるごみ，燃えないごみ，乾電池など，自治体のルールにしたがったごみ分別ができるような収集場所を決める
- この道具はどこに片づけるかがわかるように表示する
- 掃除のチェックポイント（黒板の溝は拭いたか，燃えるごみは捨てたかなど）や掃除のやり方を掲示しておき，可視化することで，ルーティン化を図る

【理科室掃除のやり方】
1　全員でほうきを使ってごみを集めて捨てる

〈月・水・金曜日〉
2　床をぞうきんで拭く。廊下をほうきで掃き，ぞうきんで拭く

〈木曜日〉
2　黒板・流しを掃除する

3　後片づけをして、集まる
4　確認をして，終わる

※ぞうきんはバケツを使って洗う

3〜4人で15分程度の掃除では，できることがかぎられています。しかし，努力すれば，きれいになったことが実感できる場所でもあります。「ありがたい経験ができる場所」と捉えさせるようなはたらきかけをして，日頃から楽しい理科室をみんなでつくることを意識させましょう。　　（笹原　信二）

2 場面別指導のポイント

図工室

図工室掃除の指導のポイント＆アイデア

①図工室掃除で気をつけること

図工室は理科室以上に，学校によっての違いがあるのではないでしょうか。

理科室同様，学校規模や学校の歴史とも大きく関係します。急速に児童数が増えた学校では，普通教室が不足し，図工室が普通教室として使われ，図工室が存在しない場合もあります。

ここでは，
・大きな机が6～9つ置かれている
・普通教室より広い
・図工準備室があり，危険な備品や道具は図工準備室に保管されている
という図工室をイメージしてください。

図工室掃除の指導の具体例

①日常の掃除の仕方

図工室も，安全面の配慮を優先させましょう。危険な備品や道具は図工準備室に保管されているはずですが，万一，落ちている道具を見つけたら報告させるようにします。

理科室と同様に机が大きく，重いので，机を前方か後方に集めて，という教室の掃除のようなことはできません。

図工室の掃除のルーティンは，ほとんど理科室と変わりません。
❶台拭きで机の上を拭く
❷黒板の溝を拭く
❸ほうきで掃く
❹床を拭く

理科室ではほぼ毎日，実験や観察が行われています。

それに比べて，図工室はほとんど使われない時もあります。

使われていない時は，椅子は収納されているか，集められていることが多いでしょう。

椅子を机の上に上げる作業は不要です。

ごみは綿ぼこり程度，黒板も使用されていないので，溝の汚れはありません。

時間があまって遊んでしまう子どもが出てきます。水まわりの掃除を日頃から行わせるなど，一人一人に役割をもたせましょう。

版画や木工細工などの時期には，1日中使われることもあります。

きちんと後片づけがされていればよいのですが，次々に違うクラスがくるので，後片づけが中途半端になっている場合があります。

版画インクや絵の具がついた机や床は，できるだけ早く拭く必要があります。

授業時間内に片づけることを図工室では第一に考えたいものです。

使用頻度が高い時期は，3～4人で15分では掃除が終わらないでしょう。

消しゴムのかすは教室や理科室に比べて少ないです。

しかし，汚れの要因が木くずやインク，絵の具のように種々にわたります。

汚れの要因別の掃除，というより片づけの仕方を，②でまとめておきます。

②汚れの種類による掃除の仕方

❶木くず

木くずは，糸のこやのこぎりを使って木材を切る時に出ます。大きいものは1mm以上ありますが，小さいものは粉状になります。そして，想像以上に出ます。木くずを掃除しないでおくと，空気中に舞ってしまうことになります。また，たくさんたまると，すべりやすくなって危険です。

木くずの掃除では，ほうきは使いません。ほうきで掃くと，空気中に木くずが舞ってしまい，目や鼻から体内に入ってしまいます。

そこで，木くずをとりのぞく時は，掃除機を使いましょう。掃除機で吸いとって，かためて袋に入れることが基本です。

最近では，アレルギーのある子どもも多いので，体内に入ることをできるだけ防ぐようにします。鼻や口に入ることを防ぐためにはマスクが有効です。目を守るためには，理科の実験で使用する保護メガネを使うとよいでしょう。

❷絵の具・インク・ペン

絵の具や版画のインクやペンを使うと，机に描いたあとが残ったり，床に落としたりして，机や床を汚してしまうことがあります。新聞紙を敷いて汚れることを防ぐことが大切ですが，裏写りしたり，落としてしまったりする場合もあります。

考えておかねばならないのは，インクやペンが水性か？　油性か？　ということです。机や床の素材も考えないといけませんが，ここでは，机の素材はメラミン板のようなもの，床の素材はプラスチックタイル，またはプラスチックが原材料のゴムのようなものと仮定してまとめてみます。安全面を考え，ラッカーやシンナー，アセトンなどは使用しない（この方法は教師が行う）ことにします。

〈水性の場合〉

　ぞうきんを水で濡らして拭くと，ある程度は汚れがとれます。汚れがついてから時間が経っている場合には，手洗い用の石鹸や洗剤を使うとよいでしょう。この場合も，最後は水だけで拭くことをおすすめします。

　水性ペンが机についた場合には，まずは消しゴムで消してみましょう。ぬるま湯で拭いたあとに消しゴムを使うと，さらに効果的です。

　版画のインクも水性が多いです。ここでは新聞紙が大活躍します。使ったあとのローラーは，ローラーのインクが新聞紙につかなくなるまでころがします。そのあと，ローラーを台所用洗剤で洗って乾かします。

　練り板についたインクは，ヘラでできるだけとってしまいます。ヘラについたインクは新聞紙につけます。ほとんどとれたら，練り板を洗剤で洗いましょう。机についた場合は，その時に水や洗剤で拭きとります。

〈油性の場合〉

　ぬるま湯と石鹸を使ってぞうきんで拭いてみましょう。クリームクレンザーを使うと効果が高いです。少したたくように拭くとよいです。汚れがとれない場合は，重曹を使ったり，メラミンスポンジでこすったりします。歯ブラシに歯みがき粉をつけてみがく方法もあります。でこぼこした机面には有効です。メラミンスポンジや歯ブラシの場合，机や床面を傷つけてしまうことがあるので，気をつけましょう。これでも落ちない場合は，エタノールやマニキュアを落とす除光液を使うとよいでしょう。ただ，子どもたちに行わせるのは難しいです。柑橘類の皮を使って落とす方法もあります。油性ペンの場合は，プラスチック消しゴムで消すことが有効ですが，時間と力が必要です。とにかく，授業中に片づけをして，図工室を「きた時よりも美しく」することを心がけましょう。

(笹原　信二)

コラム

掃除にまつわる漢字の話【名前編】

　ちょっとした時間に，掃除用具の漢字クイズをしてはいかがでしょうか。
　まだ習っていない漢字でも，その意味や由来を知ることで掃除の指導に生かすことができます。
①ぞうきん　②ほうき　③はたき　④たわし　⑤ごみ

①雑巾　：「雑」は混ざる・集まる，「巾」は布きれという意味です。

②箒　　：もともと「帚」だけで「ほうき」という意味があります。立てかけた「ほうき」の形をかたどった象形文字です。後に竹かんむりがついて，竹製の道具という意味が加わりました。

③叩き　：「これ，『たたき』じゃないの？」と思うかもしれませんが，これで「はたき」と読みます。見たことがない子もいるでしょうから，実物を見せて実際にやってみせると，なるほど「叩く」ように使うからこの漢字なんだ，と納得するでしょう。

④束子　：もともとは，わらやシュロなどを字のごとく束(たば)にしたものです。使う漢字にもちゃんと意味があるのです。

⑤塵・芥：「ごみ・ゴミ」とひらがなやカタカナ表記が多いですが，ちゃんと漢字があります。「塵」は「ちり」とも読むことを教えると，「だから，ちりとりというんだ」と気づく子も出てきます。

〈『新漢語林　第二版』（大修館書店）より引用〉

第3章
学年別掃除指導のポイント

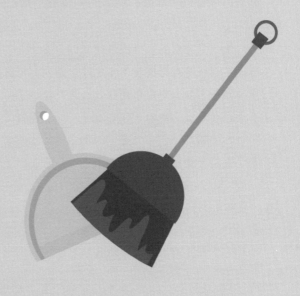

1・2年生の掃除指導のポイント

1・2年生の掃除指導のポイント&アイデア

　1年生と2年生では，掃除指導のポイントがまったく違います。
　2年生は，1年間掃除を経験しています。
　しかし，1年生はまったく白紙の状態です。
　何をどうすればよいのかまったくわかりません。
　イメージがないのです。
　1つ1つの動きを教えなくてはいけません。
　バケツはどこに置くのか，どこで水を入れ，どこに汚れた水を捨てるのか。
　ぞうきんでは，どこをどのように拭くのか，汚れたらどうするのか。
　ほうきはどう使い，ごみはどこに集めるのか。
　掃除の時間，どのタイミングで，机をどのように移動して掃除を進めるのか。
　そのすべてを全員に徹底させていきます。
　初めてぞうきんを使う1年生は，時として大喜びするものです。
　喜びのあまり，でたらめなコースを勢いよくぞうきんがけするなどします。
　そういう子は，他の子のじゃまになるだけでなく危険です。
　掃除の手順というものを1つ1つ教えましょう。
　ぞうきんを使った経験なんかまったくない子がいます。
　「ぞうきんを絞りましょう」と言っても，両手でぎゅっと丸めてしまう子もいます。
　まずは，ぞうきんが乾いた状態の時，絞る練習をしておきます。
　ねじるように絞るようになったとしても，バケツから相当離れた高い位置

でぞうきんを絞る子もいます。ぞうきんから絞り出された水が，バケツの周りにこぼれたり，友達の頭や手にかけてしまったりする子もいます。

空のバケツを使い，バケツの上で乾いたぞうきんを絞る様子を見せて，代表の子数名にやらせます。

バケツの水をどこで入れるのか，どの程度入れるのかも指導します。

何も言わないと，バケツいっぱいに水を入れます。

そして，重くなったバケツを運ぶのに耐えることができず，手を離しバケツの水を散乱させることもあります。

このように，１年生の指導のポイントは，スモールステップで行うことです。

一方，２年生スタートの日，掃除指導の最初にするのは手順の確認です。

クラス替えがあり，複数のクラスから新しいクラスになった場合は，細かな確認が必要でしょう。

まず，机を教室の後方に移動させたあと，「ぞうきんがけはどうやってやっていたの？」と子どもたちに尋ねてみましょう。

きっと，それぞれのクラスのやり方があります。

それを，１つのやり方に統一していかなければいけません。

１・２年生の掃除指導の具体例

入学してすぐの１年生に，いろいろな場所の掃除を一度に教えるのは難しいものです。

最初に教えるのは教室のぞうきんがけだけに絞ります。

ほうきの使い方，廊下の掃除の仕方は，教室のぞうきんがけができるようになってから教えます。

ぞうきんの絞り方，拭き方を教えたとします。

入学後の１年生にとって一番難しいのは「机の移動」です。

日頃の座席から，教室後方に机を移動（前方を掃除），その後教室前方に机を移動（後方を掃除），机をもとにもどすとします。

図にすると以下のような感じです。

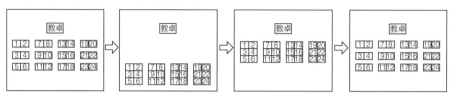

しかし，1年生は上の図のように教室の後方や前方に机を移動させることができません。

後方に移動させた時点で，下の図のようになってしまいます。

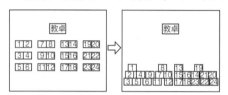

机を前方に移動させてもぐちゃぐちゃですし，もとの座席のようにもどすのに一苦労することになります。

そうならないためには，下の図のように1列ずつ順に机を移動させます。

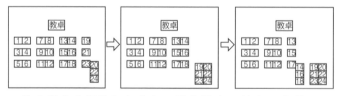

教室前方を掃除したあと，机を教室の前方に移動させる時も，同様に1列ずつにします。

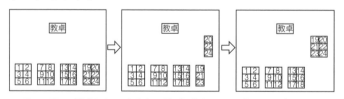

その時，教師は，上図の後方右側から左側に向かって（机が前方に移動されたスペースの）ごみを集めていきます。

すると，ほうきは教師1人でも十分にできるので，子どもたちは全員ぞう

きんの拭き方を経験することができます。

　２年生になると，掃除の範囲も広がってきます。

　外庭，階段，トイレなど新しい掃除場所が入ってくることもあります。

　その１つ１つの場所に掃除の手順があります。

　それを教えなくてはいけません。

　「そんなの時間がかかって仕方がない」と思われるかもしれません。

　けれど，大丈夫。

　最初は，全員で教室や廊下など，今まで経験があるところだけ掃除すればよいのです。

　その中で，掃除が上手な子だけを選びます。

　ＡくんとＢさんを選んだとしましょう。

　掃除の時間にＡくんとＢさんを連れて新しい掃除場所に行き，掃除の仕方を教えます。

　その週は，２人に掃除を任せます。

　次の週は，ＡくんとＢさんの他に新しい子を選びます。

　ＣくんとＤさんを選んだとしましょう。

　その週は，ＡくんとＢさんに先生となってもらい，ＣくんとＤさんに掃除の仕方を教えてもらうのです。

　教室や廊下の他に，複数の掃除場所がある場合は，徐々に掃除の仕方を覚えさせるとよいでしょう。

　よく，ダイヤル式の「掃除当番表」が教室に掲示してあるのを見ます。

　あれは，全員がどの場所の掃除もできるクラスでは便利なアイテムです。

　しかし，掃除の仕方がわからないまま掃除場所に行っても，子どもは何をすればよいのかわかりません。

　挙句の果てには，掃除の時間が遊びの時間に変わってしまいます。

　まずは，場所ごとの掃除の仕方を上手な子たちから教え，そこから広げていくとよいでしょう。

（黒川　孝明）

3・4年生の掃除指導のポイント

3・4年生の掃除指導のポイント&アイデア

①3・4年生の特性を生かして

　1・2年生では，掃除場所は自分の教室と廊下だけ，ということが多いでしょう。3・4年生になると，特別教室や階段，運動場などの場所の掃除がプラスされます。「ここは○○で使う部屋だよ」「この階段はたくさんの人が毎日通るからね」と掃除をする意義を3・4年生なりに理解させ，掃除をする意欲を年度はじめにもたせるようにします。

　最近は無言掃除が多くなっています。この時期の子どもは「ギャングエイジ」と呼ばれ，とっても活動的です。「黙ってしましょう」は意外と難しいです。ふざけたり，友達にちょっかいを出したりします。「掃除はめんどうくさい」「なんでしないといけないの」。こんなことを言い出す子もいます。掃除をすることで，どんな力がつくのか，機会を捉えて話すようにしましょう。

　3・4年生は，うまく気持ちをのせれば，ものすごいパワーを発揮します。ワクワク感をもたせるように，また，モチベーションを継続していけるように，しかけることが大切です。掃除指導は学級経営と切り離すことができません。子どもを認め，励ましながら，進んで取り組む子どもを育てていきましょう。

3・4年生の掃除指導の具体例

①掃除の手順・道具の使い方の指導

年度はじめに徹底して指導したいものです。

まずは，全員がそろって始め，全員で終わるのが原則です。

教室や廊下の掃除は1・2年生でも行っているので「できる」と思わないで，一から指導して徹底させましょう。ほうきの使い方，ぞうきんの絞り方や使い方など，それまで指導された掃除の仕方に違いがある場合もあります。そろえておきたいです。

【掃除の手順】
1 給食が終わったら，机を後ろに運び，大きなごみは拾っておく
2 教室の前をほうきで掃く
3 教室の前をしっかり絞ったぞうきんで拭く
 ほうきの人は，この間に廊下を掃く
4 机を前に運ぶ
 ほうきでごみを後ろに集める
 ちりとりでごみをとる
 ぞうきんの人は，この間に廊下を拭く
5 教室の後ろをぞうきんで拭く
6 机の整頓
7 あとしまつ
 ・ぞうきん洗い ・バケツの水がえ
 ・道具の後片づけ
 （ほうきの柄を下に向ける）
8 終わりのあいさつ
 「おつかれさまでした」

初めて担当となる場所は，特に最初が肝心です。慣れるまでは時間がかかるかもしれません。「何を」「どのように」掃除するかをきちんと指導しておくことが大切です。教師がモデルになって，やってみせましょう。担任のみでは指導が大変な場合は専科や学年の先生にも協力を呼びかけましょう。

最初の1か月で正しいやり方を身につけさせておきます。

②作業の分担の指導

「だれが」「どこを」掃除するのか，きまりを理解させておきましょう。だれもが違う場所ができるように，公平になるようにすることが大切です。表をつくって掃除道具入れに貼っておくのもよいでしょう。欠席が出た場合はどうするのか？ 雨で外の掃除ができな

掃除場所	メンバー			
教室 ほうき バケツ	1号車 ●●	2号車 ●●	3号車 ●●	4号車 ●●
教室 ぞうきん	1号車 ●●	2号車 ●●	3号車 ●●	4号車 ●●
廊下	1号車 ●●	2号車 ●●	3号車 ●●	4号車 ●●
図工室 ほうき バケツ	1号車 ●●	2号車 ●●	3号車 ●●	4号車 ●●
手洗い場	1号車 ●●	2号車 ●●	3号車 ●●	4号車 ●●
下駄箱	1号車 ●●	2号車 ●●	3号車 ●●	4号車 ●●
黒板	1号車 ●●	2号車 ●●	3号車 ●●	4号車 ●●

い時はどうするのか？　などもルールとして決めておきましょう。ルールを決める時には，子どもたちの意見もできれば取り入れましょう。少しでも自分たちで決めたという部分があるだけで，やる気も違ってくるものです。

　ローテーションは，1・2年生より大まかな感じでよいでしょう。

　生活班でまわす，号車ごとにまわす，人数だけを決めて名簿順でまわすなど，やり方はいろいろあってよいと思います。階段は特に協力が必要なので，分担をはっきりさせましょう。どのようにするか決める時も，少しでもよいので子どもたちの意見を反映させるとよいですね。

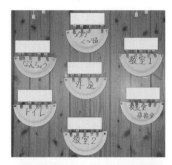

③道具の後片づけの指導

　ほうきは床につかないようにつるすか，穂先が曲がらないように上に向けてきちんと掃除道具入れに入れます。ちりとりも大切にします。（学校で片づけ方を決めている場合もあります）

　ぞうきんは，ぞうきんをかける場所があれば，きちんと洗濯ばさみでとめます。

　バケツは，ぞうきんを使ったあとの水を流してから新しい水を7〜8分目くらいまで入れて，決められた場所に置きます。

【掃除用具は大切に！】

1　ほうきの置き方
　・つるす　　　または
　・逆さに置く

2　掃除が終わったらバケツに水をくんでおきましょう

3　ごみ袋はいっぱいにして出しましょう

みんなの掃除用具です
大切に使いましょう

④認め，励ます指導

❶きれいになったことを見せる

　1・2年生では，黒板が美しくなることを実感しているでしょう。

　掃除したことできれいになったことを見える化したいですね。特別教室は，使った前後を比べれば，きれいになったことが実感できます。

　階段は見た目はそんなに変わりませんが，たくさんの砂ぼこりがとれたこと，ぞうきんがとっても黒くなったことなどを取り上げましょう。

　「なんで掃除をしないといけないの？」。こんなことを言ってくる子どももいるでしょう。「なぜ」についての答えを探すよりは，「掃除をしなかったらどうなるか？」を考えさせましょう。迷惑がかからない場所なら，1～2日掃除をしないとどうなるかを見せることもよいでしょう。掃除の大切さが見えてくるはずです。

❷評価する

　子どもたちががんばったところは，しっかりと認めましょう。3・4年生は先生やクラスの友達からほめてもらうことで，どんどんやる気を出します。意欲が高まった子どもからはプラス1の行動が生まれます。「先生，そこも掃除してもいいですか？」「そこも掃除したので，こんなにきれいになりました」。こんな行動が生まれるような評価を考えたいです。

　掃除免許を出す実践も報告されています。本に掲載されていたり，ダウンロードできたりするものもあります。15分黙って掃除をしたら1級など，掃除免許をもらう基準を示しましょう。シールで励ます方法もありますが，シールのために掃除することにならないように気をつけましょう。

　評価をすることで，価値観を変化させていくことをねらいたいです。

・汚れている場所では勉強したくない
・掃除をすれば心がみがかれる
・掃除をすることに喜びを感じる

　こんな子どもが増えるよう，子どもをのせる仕掛けをたくさん用意したいですね。

（笹原　信二）

５・６年生の掃除指導のポイント

５・６年生の掃除指導のポイント＆アイデア

①掃除の大切さを伝える

❶学級再建の三原則

　高学年を担任すると，森信三先生の職場再建の三原則「時を守り，場を清め，礼を正す」という言葉を「学校生活の三原則」として紹介しています。

　「時を守り」は時間やきまりなどの約束を守ることです。

　「場を清め」は整理整頓，感謝の気持ちを込めて掃除をすることです。

　「礼を正す」はあいさつや返事，身だしなみ，言葉づかいを正しくすることです。

　高学年として学校のよりよいリーダーに成長していくために，この三原則を学校生活の目標とします。

　掃除をすると「心がみがかれる」「謙虚な人になれる」「気づく人になれる」「感動の心が育まれる」「感謝の心がめばえる」と言われています。このような心は，「やらされる掃除」では育ちません。心をみがくには，「進んでやる掃除」が大切です。

　また，掃除は「気づく」人になるトレーニングです。

　「どうしたらごみが出ないようになるだろうか」「どうやったらもっときれいにできるのだろうか」など，身の回りのことに気を配ることのできる人に成長できると話します。

❷ひとつ拾えば，ひとつだけきれいになる

　「ひとつ拾えば，ひとつだけきれいになる」という鍵山秀三郎氏（日本を美しくする会相談役）の言葉を紹介します。教室のごみを拾う，掃除を真剣

にやるということに一歩踏み出す勇気を高学年で発揮できればすばらしいと話します。実際に，教室に紙くずが落ちていたら，すぐに拾う習慣をつけるようにします。「ごみを拾う人はカッコイイ人だ。カッコイイ人だらけの学級になろう」と言って，ごみを拾った子をほめていきます。まずは，担任が紙くずを拾って，カッコイイ人をめざします。

❸きれいなところをきれいにするのが掃除

　山奥の分校に勤務している時，トイレの大掃除に取り組んでいました。子どもたちは，自分がみがいてピカピカになった便器をなでまわして喜んでいました。次の大掃除の時期になってもトイレはピカピカできれいでした。そこで今回は大掃除をやめておこうと思った時に出会ったのが次の言葉でした。

　「きれいなところをきれいにするのが掃除です」(鍵山秀三郎氏)

　この言葉に頭を金槌で殴られたようなショックを受けました。きれいなところをきれいにするのが掃除だということに初めて気づかされました。

②１人掃除をして高学年の自覚を高める

　高学年では，「１人掃除」に取り組むことをすすめます。１時間の時間をとって学校中に散らばり，１人１か所の掃除に取り組むものです。１人でトイレの便器や長い廊下，特別教室，下駄箱，手洗い場などを担当して掃除をします。さぼる暇もありません。ある年，「卒業プロジェクト」の１つとして取り組み，30人で23か所に分かれて行いました。

　これを行うと，いろいろな先生から「さすが６年生！」「ありがとう」などとほめてもらえます。その後，休み時間に１人で掃除をしている子もいました。今年度も５年生で行いました。「○○先生からお礼を言われた」「２年生から，ありがとうございます！　と言われた」などと喜んでいました。掃除で高学年としての自覚をもたせることができます。

③隅々まで掃き掃除をさせるアイデア

　掃除のあと，隅々までほうきで掃くことができていなかったり，ごみやほこりが残っていたりする場合があります。そんな時は，次の方法が効果的です。

　教室や特別教室の床，廊下などに，シュレッダーの紙くずや茶葉，濡れた新聞紙を小さくちぎったものなどをばらまきます。特に，きれいに掃いてほしい場所に多くまきます。子どもたちには紙くずを1つ残らずほうきで集めるように指示します。隅々まできれいに掃き掃除ができます。

5・6年生の掃除指導の具体例

①掃除のやり方を教える

　高学年を担任すると今までの担任によって掃除のやり方が違うことに気づきます。前年度の慣れたやり方でスムーズにできればそのままでもよいのですが，うまくいかないこともあります。

　そんな時は，まず「掃除用具の使い方」と「掃除のやり方」の2点を指導します。掃除用具の使い方や掃除のやり方は，担任と一緒に掃除をしながら確認していきます。

　また，高学年の場合，ダスキンの「掃除教育カリキュラム」や，全国ビルメンテナンス協会の「小学校清掃指導マニュアル」を使って指導することができます。インターネットで検索できます。パワーポイントや動画でわかりやすく指導ができます。

　1年生が入学してしばらくの間，6年生が1年生の掃除の手伝いをする学校があります。1年生の手本として，自信をもって手伝いができるように掃除のやり方を教えることも大切です。

②掃除の分担をはっきりさせる

　だれがどこを掃除するのかをはっきりさせることが大切です。低学年や中学年までは，掃除の担当場所と担当用具がわかるように，一人一人の名前を明記した細かい分担表が必要になってきます。

　高学年では，班ごとに掃除場所を指定しますが，細かい担当場所や用具などの分担は，子どもたちに任せて決めるようにしています。うまく分担できず，掃除をスムーズに行えない班があった場合は，必要に応じて班の子どもたちと相談をして細かい掃除分担表をつくります。

③短時間でふり返りを行う

　掃除終了後，掃除場所の班でふり返りを行います。ふり返りの機会がないと自分の担当をすませたら掃除を終わらせてしまう子が出る場合があります。あまり時間をかけずに短時間でかまいません。今日の反省と明日の確認をします。ふり返りがあると「気づき」をもたせることができます。また，翌日の掃除をスムーズに始めることができます。

④早く掃除が終わった子の指導

　早く掃除が終わった子の指導もしておきます。私の場合，早く終わった子は，教室掃除の手伝いをするようにさせています。私はほとんど子どもたちと一緒に教室の掃除をしています。そこでもどってきた子への指導ができます。教室の掃除も終わっていたら，本を読んだり，連絡帳を書いたりして，静かに待つようにさせています。

（波戸内　勝彦）

特別な支援を要する子への掃除指導のポイント

自分の力に応じた掃除を知るポイント&アイデア

　特別な支援を要する子の掃除指導を考える場合に,重要なことは2つあります。

　1つ目は,将来,保護者から自立して,自分の生活を営むことを最終目標としてもつということです。この最終目標は,特別な支援を要する子にかぎらずすべての子どもがめざしていくことではありますが,障害の程度によっては保護者からの自立が自力では難しいと考えられる子どもたちもいます。その場合は,福祉の制度を利用しながらでも保護者からの自立を考えていくことになります。さらに言えば親亡き後の生活を具体的に考えていくことによって,家事労働の1つである掃除についても「今から身につけておくべきこと」がはっきりします。

　2つ目は,特別な支援を要する子は定型発達の子どもと比較して様々な生活のスキルが定着するまでにとても時間がかかるということを前提とすることです。掃除スキルの1つ1つの定着について,教師が焦らないということです。それが,毎日の小さな積み上げによって学校を卒業したあとも生活に生かせるような学校教育の学びとなります。

　特別な支援を要する子に関わる教師には,学習面でのスキルアップは厳しい子どもでも生活面でのスキルアップについては定着可能なことがよくあり,将来役に立つだろうと捉えて指導をしている教師が多いと思います。上記の2つの柱を前提に考えた掃除指導は,特別な支援を要する子にとって教科教育の学びの重要性と同等のものだと言っても過言ではありません。自立後に福祉施設のグループホームで1人暮らすことになった場合にも,自宅で親亡

き後の生活をする場合にも，必須のスキルとなり本人を一生涯支えることになります。教え子の「生涯の幸せ」は，すべての教師が願うことです。教科学習だけでなく，掃除指導という学校教育の中であまり重要視されにくいことの中に，その願いを実現する学びがあることを知っていただければ「今，身につけていくべきこと」の価値がわかってきます。

　特別な支援を要する子は，小学校低学年のうちは学校生活そのものに慣れることで精いっぱいです。学校生活には，掃除という時間があるというぐらいの認識しかできないのが一般的です。特に就学前の家庭生活で掃除をする習慣がなかった場合は，掃除という概念形成から始めることになります。小学校高学年では，掃除の意味理解はある程度できており「しなければならないこと」という認識で捉えている状態になります。

　さらに中学生の場合は，掃除をすることで自分の身の回りの生活がよくなるということがわかり，自宅以外での掃除についても今まで積み上げた掃除体験から学校や職場体験先などで臨機応変に掃除ができる状態になることが望ましい姿と言えます。

　保護者が，義務教育を終えた子どもたちに学校と同じように体験させてスキルを積み重ねさせることは容易なことではありません。そこで，義務教育期間に一人一人の子どもが自分の力に応じた掃除のスキルを身につけるにはどうしたらよいかについてポイントとアイデアを述べます。

①特別な支援を要する子の特性を大まかに理解するポイント

　小学校1年生の子どもたち以外は，前学年の掃除指導について元担任や関わった職員に話を聞くことができます。もし，その担任及び職員が転任していた場合でも，関わりのある子どもたちに聞いてみると意外と知っていることが多いものです。

〈事前にできるだけ情報を得ておきたいこと〉
○前年度の掃除時間の様子を知る
○診断名がある場合は，個別の教育支援計画を読み特性を把握する

○特別支援学級在籍の場合，掃除指導の経過や交流掃除の有無を聞く
○支援員つきそいの場合の掃除の様子を知る
○新入学児童の場合は，幼稚園・保育園の担当者から聞く
○保護者から，家庭でその子がしている掃除について聞く

　上記の項目で，すぐにできそうなことをして情報を得ることができれば「今まで，積み上げてきたこと」がわかり「今，身につけていくべきこと」が浮かんできます。要するに，スタートラインを把握することで，積み上げるポイントがずれないようにするのです。

②特別な支援を要する子の掃除指導のポイント

　掃除指導で重要なこと２つについて前述しました。その際に，両方にまたがった共通項があります。それは，他の子たちとの協働作業を仕組んでいくこととスモールステップで行うことです。これらは車の両輪と同じですので，どちらかだけという状況は望ましくありません。２つの共通項で掃除指導を考えることで特性の違う子どもの掃除内容を決めることになります。

　特に気をつけなければならないことは，初期段階から他の子たちとの協働作業に特別な支援を要する子の掃除の活動を位置づけておくことです。他の子たちとの関わりがなく，特定の教師または支援員のみのマンツーマン指導は弊害があります。教師側の指示ばかりで活動することが続いていくと，その教師の指示はよく聞くことができますが，その他の教師の指示や協働作業をしている子どもたちとの関わりがうまくできないようになります。また，その指導を数年間継続すると多様な考え方にふれる機会が少ないので，次の担当者に変わると指示を理解するために数か月間は慣れる時間を必要とする場合もあります。

　さらに，協働作業をしていない場合は，他の子たちはその子の特性について理解する機会がないので，会話がスムーズにできずにトラブルを招くこともあります。そのため，掃除の時間は初期段階から他の子たちとの協働作業を設定し，できれば定期的に担当教師が変わっていく方が望ましいでしょう。

特別支援学級在籍児童の縦割り班での掃除指導の具体例

掃除指導のポイントを簡単にまとめると以下のようになります。

> 　将来の自立に備えて，他児との協働作業を仕組み，その子の特性を知ってスモールステップでスキルアップをめざすこと。

○縦割り班での掃除指導では，特別な支援を要する子ができる掃除を本人と相談の上で決めます（事前の情報をもとにします）。それを縦割り班のリーダーに伝えておき，仕事の割り振りを他児と一緒に行います。

○縦割り班の中で，特別な支援を要する子が「自分ができること」を班の子どもと一緒に取り組んでいることを，掃除の担当教師が認めたり励ましたりすることで，周囲の子どもに特別な支援を要する子が掃除をがんばっていることを理解させていきます。

○掃除場所は定期的に変わる方が，特別な支援を要する子は以前の場所と同じ掃除内容で「自分ができること」をステップアップさせたり，他の掃除内容で「自分ができること」にチャレンジしたりします。

○支援員のつきそいがあっても，できるだけ見守るようにしてもらい，他児との協働の記録をとってもらいます。協働作業がスムーズにいかなかった場合は，特別支援学級担任へ報告し時間をとって話を聞いてもらうようにします。そのようなトラブルがあっても，危険がないかぎりできるだけ介入は避けて見守ります。それが無理な場合は，トラブルの当事者で解決できるように話し合いの場を設けます。感情的になっている場合は，落ちつくまでその場所を離れるなどして感情の高ぶりをおさえます。しかし，「自分ができること」の掃除は，最後までしてから終わる方がよいでしょう。（縦割り班の掃除指導内容は，縦割り班でなくても共通する部分が多いです）

（深山　智美）

異学年縦割り
掃除指導のポイント

異学年縦割り掃除指導のポイント&アイデア

　異学年縦割り掃除では，６年生がリーダーとなります。まず，この６年生への指導が大切です。６年生がしっかり掃除し，さらに低学年を指導することができなければ，異学年縦割り掃除は機能しません。また，１人の６年生だけではなく，そのグループに属するすべての６年生がリーダーの自覚をもって動かなくてはなりません。

　掃除の仕方だけでなく，こうした気持ちや態度を育てることが，異学年縦割り掃除の目的です。それには，自分は仕事を「任せられている」という自負を子どもがもつように仕組むことが大切です。

①「縦割り掃除の手引き」を渡す

　以下に示す項目に関する内容を書いた手引き書を作成します。この手引き書を使って，事前に６年生を指導します。

```
a  ６年生としての心がまえ（縦割り掃除における６年生の役割と自分
   が学ぶべきもの）
b  割りあてられた掃除場所全体の掃除の仕方の確認
c  班内の掃除分担の確認
d  低学年に話をする時のコツ
e  人にものを教える時のコツ
f  掃除の反省会の仕方
```

aについては，自分自身が掃除をてきぱきと行い，その上で他学年のめんどうをみながら掃除の仕方を教えていくことが６年生としての役割であることを伝えます。また，「人にものを教える大変さ」や「人にものを伝える工夫」を学ぶことが大切であることも話します。そして，「悩むことがあった時は，友達と相談したり助け合ったりして解決していけばよいこと」「そういったことを学ぶのが縦割り掃除のよさであること」も伝えます。以上のようなことを話して，縦割り掃除に対する心がまえをつくっておきます。

　dについては，「自分が話す時には，周囲にみんなを集め，座らせてから話すとよいこと」「掃除の仕方の説明は，具体的に道具を見せたり，実際に使ったりしながら話すとよいこと」「一文を短く切って話すこと」「適切な声の大きさを意識しつつ，聞いている人が自分の方を見て聞いているかどうかをたしかめながら話すこと」「話したことが理解できたかどうかの確認や，自分の説明に対する質問はないかを確認すること」などを教えます。さらに，下学年には「やさしくていねいに」接することが基本であることも教えます。

　eについては，山本五十六の「やってみせ，言って聞かせて，させてみせ，ほめてやらねば，人は動かじ」を取り上げて話します。まさに低学年にはこの順番が必要です。これを違えると，低学年には言いたいことが伝わりません。それをしかっても相手に嫌われるだけです。

　ただし，これを行うには，我慢が必要です。人が成長したり，変わったりするには時間がかかります。そこをじっくり待つ姿勢が不可欠なのです。こういったことも前もって話し，教える側の覚悟をもたせます。

　fについては，班全体のリーダーが，以下のような項目を全員に尋ねて，掃除の出来栄えを評価します。

○掃除の始まりの時間までに集合できたか
○時間いっぱい掃除できたか
○必要のないおしゃべりをしないで掃除できたか
○仲よく協力して掃除できたか

| ○道具の後片づけはできたか |

　以上の項目に沿った反省カードを作成して、リーダーに渡しておくとよいでしょう。

②低学年や中学年にも指導する
　異学年縦割り掃除の指導は6年生ばかりに行えばよいというものではありません。低学年には低学年への，中学年には中学年への，5年生には5年生への指導のポイントがあります。これらのポイントを各学年の担任の先生に指導していただくことも大切です。
　低学年には，「高学年の指導を素直に聞く」ことを指導します。そして，話していることがわからなかったら，「もう1回言ってください」と頼むとよいことを伝えておきます。
　中学年には，これまでの掃除の力を生かし，与えられた分担を自分で責任をもって行うことを指導します。班全体がうまく機能するには，中学年がいかに働くかが大きく影響します。ここがうまく働いてくれないと，高学年は低学年ばかりか中学年にまで指導の時間がかかり，掃除が進まないからです。
　5年生には，来年を見据えて，6年生のフォローをする役割があることを指導します。具体的には，掃除がうまくできない下学年を指導したり，6年生の話を聞くように促したりすることがあげられます。
　そして，1～5年生の全学年に共通して指導しておくことは，「6年生への感謝の心をもつこと」です。
　このように，各学年に応じて事前の指導をきちんとしておくことが，異学年縦割り掃除を行う上では大切です。

異学年縦割り掃除指導の具体例

　まずは，開始時刻までに全員を掃除場所に集めます。低学年は，掃除場所がわからないことも考えられるので，6年生が開始時刻5分前には，それぞ

れの教室へ迎えに行くのもよいでしょう。

　全員が集まったら，その日の分担をリーダーが伝えます。その後，小グループに分かれて，掃除を開始します。小グループの組み方やだれに何の役割を与えるかは，事前に６年生で考えておきます。掃除の間は，常に６年生が各グループのリーダーとして働きます。自分の掃除はもちろんのこと，全員が上手に掃除できているかを確認しながら掃除します。そういった６年生の働き具合を教師は観察します。そして，何か問題があれば，その子を直接指導するのではなく，６年生に伝えて指導させます。「あの子はほうきの持ち方が逆です。持ち方を正しく教えてみて」「あの子は掃除に集中できないみたい。よく見て時々声かけしてあげて」などと，気づいたことをどんどん伝えます。そして，実際に６年生を動かしながら全体を指導していきます。

　掃除が終わったら，各グループで掃除道具を片づけます。もともとあったようにていねいに片づけます。片づけも６年生が点検します。

　その後，班全体で反省会をします。リーダーが反省カードに沿って質問項目を読み上げ，できたと思う子どもは手をあげるようにさせます。ほとんどが手をあげれば◎を，半数くらいなら〇を，それ以下なら△をつけます。最後に教師からのコメントを話し，反省カードに掃除終了のチェックを入れて，リーダーに渡します。ここまでできたら解散です。

　ただし，６年生（５年生がリーダーの場合は，その５年生）はその場に残って，教師と一緒にリーダー会を行います。リーダーとしてうまくいかなかったところがあれば，互いにアドバイスし合います。また，改善点があれば，全員で確認します。教師から見てのアドバイスや指導も行います。時間にして，２〜３分です。こういった時間を継続的にとっていくことで，リーダーとしての自覚や態度が身につきます。

（高本　英樹）

コラム

掃除にまつわる漢字の話【動作編】

　掃除用具の漢字がわかったら，次は動作編です。ぞうきんは「ふく」，ほうきは「はく」……などの動作を伴いますが，その漢字は知らない子が多いです。習っていない漢字が多いので，国語辞典で調べさせるとよいでしょう。
①はく　②ふく　③こする　④はたく

①掃く：「掃除」という字は知っていても，「はく」になると子どもたちは悩みます。「掃」は，ほうきなどで祓い清める，という意味です。掃除は，まず「掃く」が基本なんだよ，と教えることができます。

②拭く：「拭」の「式」は「織」に通じ，「縦横に糸を織る」が転じて「手を縦横に動かす」という意味があります。

③擦る：「察」は音符で，物を擦る時の音の擬声語を表します。①〜③とも手偏ですから，掃除の動作はしっかり手を動かさないといけない，ということですね。

④叩く：先に「はたき（叩き）」を知っていれば，これはすぐにわかるでしょう。この字は手偏ではありません。「口」は音符で，たたいた時の音を表す擬声語，「卩」は人がひざまずく形を表しています。ひざまずいて頭を地にコツコツと打ちあてて礼をするという意味です。

〈『新漢語林　第二版』（大修館書店）より引用〉

第 **4** 章

掃除指導を さらに円滑にする アイデア

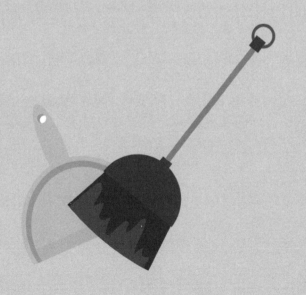

1 子どもが意欲的に掃除に取り組むアイデア

低学年向け
掃除に意欲的になるアイデア

掃除できる場所を認定する

　全員が黙々と掃除をしてくれればそれに越したことはありません。
　しかし，クラスにはなかなか掃除ができない子がいます。
　そんな子を，「掃除をしてみよう」と思わせるには，きちんと評価をすることです。
　評価の方法はいくつもあります。
　まず，一番簡単な方法は「ほめる」ことです。
　「ぞうきんの絞り方が上手だね」
　「バケツを持ってきてくれてありがとう」
　「汚れたところがよく見えているね」
　「おしゃべりせずに，掃除ができてすごいね」
　ほめることはたくさんあります。
　低学年の子は，「自分もほめてもらいたい」という気持ちが強いので，掃除をがんばるようになります。

　通知表で「いつも掃除をがんばってくれます」「ほうきの使い方が上手です」など，保護者にも知らせると，もっとがんばるようになります。
　「評価」をもっと，別の形にすることもできます。
　上手な子には，「新たな掃除場所」を任せます。

110

「君は，掃除が上手だから，今日から下駄箱を掃除してもらおう」とみんなの前で言います。

低学年の子は，「いいな～」と言いながら，自分もがんばるようになります。

もっと明確に，5段階評価をすることもできます。

S・A・B・C・Dで評価し，Sになれば教室以外の場所を掃除できるようにします。

認定書を渡すのも1つの方法です。

右は，私の教室で使っている「掃除名人」の認定書です。

掃除の様子を録画して見せる

YouTubeに，お寺の掃除の様子がアップされていました。

長い廊下をずっとぞうきんがけしていく動画です。

その中に，バケツの周りに飛び散った水をサッと拭いてからバケツを使う様子が映っていました。

一瞬の出来事です。

それを子どもたちに見せたあとから，バケツの周りに水がこぼれていると，多くの子が同じことをするようになりました。

動画の威力は大きいです。

掃除の様子を録画して見せると，がんばっている子とそうでない子がはっきりしていることがわかります。

低学年は，客観的に自分を見ることがなかなかできません。

録画された自分の姿を見て，掃除の様子が変わる子もいます。

（黒川　孝明）

1 子どもが意欲的に掃除に取り組むアイデア

中学年向け
掃除に意欲的になるアイデア

掃除に意欲的になるポイント&アイデア

①自分たちで役割を決めるシステムを導入する

　教師に役割を与えられる受動的なシステムから，自分たちで掃除の役割分担を決める能動的なシステムへと変えるだけでも，子どもたちの掃除に対する姿勢は変わります。まずは，子どもたちがどの役割になっても１人で掃除ができるようになるまで，教師が作成した掃除役割分担表に沿って，それぞれの掃除の仕方を教師が教えます。子どもたち同士で引き継ぎもさせて，全員がどの役割になっても確実にできるようにしていきます。

　そこまでできたら，新しいシステムの導入です。グループごとにあらかじめ掃除場所だけ指定して，あとはグループで役割分担を決めさせます。子ども同士の話し合いの場を設けることで，与えられた役割をやらされているのではなく，自分で決めたことをやるという意識で，掃除に取り組ませます。

②掃除に関する本で，意欲をもたせる

　私は教室に掃除に関する本を置くようにしています。ある子が図書室にあった掃除に関する本を借りて読んでいたことがきっかけで，私も教室の学級文庫として置くようになりました。

　今は掃除に関する本も様々出版されています。子ども向けのものから大人向けのものまで何冊か用意しておき，子どもたちがいつでも手に取れるようにしています。「この本にこんなことが書いてあったんだけど，みんなでやってみない？」と掃除の仕方を提案する資料として，そして子どもから「この方法でやってみたい！」という意欲を引き出すための材料として，掃除に

関する本を活用していきます。

掃除に意欲的になる指導の具体例

①週の始めの"掃除ミーティング"

　掃除ミーティングとは，同じ掃除場所の子で集まり，だれが何をやるか役割を決めるための話し合いの場です。ミーティングで大切なことは，一人一人の役割をはっきりさせることと，自分たちで決めたという意識をもたせることです。週の始めに，今週の掃除場所と役割をたしかめるとともに，だれが何をやるかの分担をグループごとで決めさせます。子ども同士で話し合わせると，役割を2日交代にしてみたり，人数を変えてみたりと，いろいろな方法を考えます。役割交代制度や人数などはあえてこちらで制限せず，子どもたちに任せ，まずは自分たちの決めた方法で取り組ませます。そして，うまくいかないことがあれば，再度話し合わせたり教師からアドバイスをしたりすればよいのです。

②"拡大版掃除ミーティング"で「やってみたい！」を引き出す

　教室にある掃除の本を使って，掃除のヒントを得ようというのが"拡大版掃除ミーティング"です。グループごとに1冊本を渡し，「その本の中から，みんなの掃除のヒントになりそうな方法や，やってみたい方法を見つけましょう」と言って話し合わせます。本によっては掃除の豆知識なども書いてあり，「こんな道具を使って掃除をしてみたい」や「この方法は手洗い場にも使えそう」などという意見を，子どもから引き出していきます。話し合いで出た意見はできるだけ実行できるように，教師は道具を用意するなどの支援をします。実際にやってみて，自分たちが掃除している場所がきれいになっていることを実感できると，子どもたちは達成感を味わい，「次もがんばろう」「もっとやりたい」と意欲的になります。教師も子どもと一緒に掃除の仕方を学び，学んだことを実際に試すのを楽しむことで，子どもの掃除に対する意欲を高めていきます。

（加藤　百合絵）

1 子どもが意欲的に掃除に取り組むアイデア

高学年向け
掃除に意欲的になるアイデア

感謝の気持ちを込めてトイレをピカピカにしよう

①卒業プロジェクトでトイレ掃除を呼びかける

　高学年を担任すると，子どもたちに「学校中のトイレをピカピカにしよう！」と呼びかけてきました。特に，6年生は，ボランティア活動をテーマにした「卒業プロジェクト」の1つとして，お世話になった学校への恩返しにトイレの大掃除に取り組むとよい記念になります。

　トイレをピカピカにするには掃除の時間だけではたりません。2時間くらいの「大掃除」として徹底的に行うとよいです。トイレがピカピカになると，その後の普段の掃除がとてもやりやすくなると同時にトイレ掃除に対する子どもたちの意識が変わってきます。学期に1回のペースが理想です。まずは，あたたかい6月か7月に取り組むと2学期のトイレ掃除へとつながります。

②道具をそろえる

　トイレをピカピカにするには道具が必要です。写真は，掃除道具の一例です。これだけのものを人数分そろえるのは大変です。そこで，これだけは準備したいという道具を紹介します。

114

- サンドメッシュ（耐水ペーパー）
150～151ページでくわしく紹介していますが，ピカピカのトイレを実現してくれるすぐれものです。ぜひこれは人数分そろえてもらいたいです。100円ショップで手に入ります。
- ゴム手袋，掃除用シューズ（家庭の風呂掃除シューズ）
子どもたちは，初めてのトイレの大掃除には抵抗感を覚えます。ゴム手袋のあるなしで「やろう！」という意欲がまったく違います。また，保護者の方の理解も違います。1箱100枚入りのゴム手袋が便利です。掃除用シューズや長靴，濡れても大丈夫なサンダルなどもあると抵抗なくできます。
- その他
その他は，学校にある洗剤，トイレブラシ，たわし，デッキブラシ，ホース，バケツなどで十分です。小便器の水こしの部分に頑固な尿石がついている場合は，ヘラ（スクレーパー）などが必要になってきます。

トイレ掃除をやりたくなる話をする

- あるお寺での話です。先輩のお坊さんが新人のお坊さんにゆずりたくない仕事があったそうです。それは，トイレ掃除です。なぜなら，心をみがく最高の修業がトイレ掃除だからだそうです。
- 昔から，トイレ掃除をするとお金持ちになるという言い伝えがあります。新しく家ができるといろいろな部屋に神様が入られます。きれいな部屋や過ごしやすい部屋から入られます。だから一番遅れてきた神様がトイレの神様になるそうです。遅れた理由は，金銀財宝をたくさん背負ってゆっくりこられたからだそうです。それで，トイレ掃除をするとお金持ちになれると言われています。
- トイレにはきれいな女神様がいらっしゃるそうです。だから，きれいにすると「べっぴんさん」になれるそうです。（『トイレの神様』（植村花菜）の歌を紹介する）

（波戸内　勝彦）

1　子どもが意欲的に掃除に取り組むアイデア

異学年縦割り掃除向け 掃除に意欲的になるアイデア

掃除名人認定書を渡す

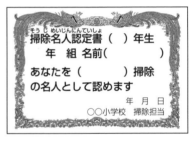

　異学年縦割り掃除は，2週間から3週間で掃除場所が変わる場合が多いのではないでしょうか。そこで，場所ごとに，よく掃除ができた子どもへ掃除名人認定書を渡します。認定書がもらえると，なんとなく自分が一人前になったみたいに感じて子どもは喜びます。また，自分の仕事が認められたことで自己肯定感を抱きます。こういった感覚を味わいたいという気持ちが，掃除への意欲をかきたてます。認定するのはその掃除場所を担当する教師です。教師が認定する方が公平感を保つことができます。

①合格基準を示す

　学年ごとに認定書の合格基準を作成します。6年生には，その基準をあらかじめ知らせておきます。

　基準は簡単なものにします。できれば，その基準を示したものを掃除場所に掲示しておくとよいでしょう。

【掃除名人認定基準】

1年生	正しいぞうきんの使い方ができ，掃いたあとぞうきんで拭くことができる。
2年生	正しいほうきの使い方ができ，高学年のあとについて掃き掃除ができる。
3年生	ぞうきんとほうきの両方が正しく使え，自分で掃除をすることができる。
4年生	わりあてられたところを自分で掃除し，時間内に掃除を終えることができる。
5年生	下学年に道具の使い方や掃除の仕方を教えながら，自分の分担をきれいに掃除することができる。
6年生	自分のグループのメンバーの9割以上を掃除名人に育てることができ，自らも名人になれるくらい掃除ができる。

②縦割り班をさらに小グループにする

　縦割り班には６年生が数人います。その６年生の人数分小グループを作成します。このグループ分けはあらかじめ，６年生と担当教員で相談しておきます。１人の６年生が，２～３人を担当するのがよいと思われます。

　こうしておけば，６年生全員をリーダーにすることができます。また，人数が少ない方が，指導もしやすくなります。

掃除に意欲的になるアイデアの具体例

　認定書は，「体育館掃除名人○年生」とか「下駄箱掃除名人○年生」というように，掃除場所と学年を入れます。同じ場所でも学年で掃除内容が違うので，そのレベルに応じて判定をするためです。また，今年，体育館掃除で認定されて，翌年にも体育館掃除になった時，意欲がわかないからです。

　他の学年は掃除の技術やスピードを評価しますが，６年生は違います。６年生はリーダーであり，下学年の指導役でもあります。よって，指導した下学年の子どものうち，何人に認定書を獲得させられたかで判定します。人数の基準は教師があらかじめ決めておきます。

　この認定書のシステムをつくっておけば，何年も継続して使うことができます。認定書を集めることが目標になる子どもも出てきます。

　「認定書ゲットをめざして，今日も掃除をがんばろう！」といったかけ声で異学年縦割り掃除が始まると気持ちよいですね。

（高本　英樹）

2 やる気を高める掃除の評価アイデア

低学年向けの評価アイデア

掃除のプロになりたいと思わせる

①学級活動の授業で意欲を高める

　友達とおしゃべりをする子，考えごとをして手を止めてしまう子，掃除道具を持たずにふらふらと歩く子などが増えたと感じたら，子どもたちの掃除に対するやる気が低下しています。すぐに，以下の手立てを講じましょう。

　学級活動の時間の始まりとともに，「プロ」と板書します。

　そして，「『プロ』が何かわかる人は，立ちます。わからない人は，座ったままです」と指示をします。立った子に意見を言わせます。

　その後，プロ野球選手の大谷翔平氏，プロ棋士の藤井聡太氏，プロサッカー選手の本田圭佑氏などの写真を提示し，「『プロ』とは，その道で，みんなの評価が高く，うまさのレベルが高い人」と，低学年の子どもにわかるように説明をします。

　プロと呼ばれる人たちのすごさを伝えたところで，発問します。

　「プロと呼ばれる人たちが，大切にしていることがあります。なんでしょう」

　子どもたちの意見を聞いたあと，「集中すること」と伝えます。

　目の前にあることに，集中して取り組むことが成果へとつながることをわかるように話します。子どもたちが，「プロ」に興味をもったところで，次のように声をかけます。

　「学校には，みんながプロになれるチャンスがたくさんあります」

　「え？　どこ？」とおどろく子どもたちの様子を見ながら，黒板に子どもがプロになれる場面を少しずつ書いていきます。

「給食のプロ」「片づけのプロ」「準備のプロ」「掃除のプロ」……。

授業の終わりに、以下のように子どもたちに語りかけます。

「学校には、みんなが『プロ』になれる場面がたくさんあります。でも、なかなかプロが現れません。これから、どんなプロが出てくるのか、楽しみです」

掃除のプロに目を向けさせる

①プロの姿を共有する

教室にプロが現れ始めたら、右のように写真におさめ、朝の会などで紹介します。

そして、写真のどこに「プロ」を感じるのか、どんな姿から「集中している」ことが伝わってくるのか、気づいたことを発言させます。

子どもたちは、友達の意見をもとに、集中して掃除に取り組むとはどういうことなのか、具体的な姿を学んでいきます。活用した写真は、「プロのコーナー」に掲示し、意識の持続につなげます。

子どものやる気を高める評価とは、子どもの素敵な言動を捉え、何がどのように素敵なのかを意味づけることです。子どものやる気は、教師だけでなく学級の仲間に認められることで、より高まります。しかし、子どもたちは、評価の視点を知りません。そこで、子どもたちに「プロになれているか」という評価の視点を与えるのです。

評価の視点を知った子どもたちは、帰りの会などで、友達の素敵な姿を紹介するようになります。友達から認められるうれしさが、子どもたちのやる気を高めていくのです。

（猪飼　博子）

2 やる気を高める掃除の評価アイデア

中学年向けの評価アイデア

中学年向けの評価のポイント&アイデア

①写真で具体的な姿を伝える

　掃除の時間，様々な写真を撮ります。子どもの掃除をしている姿や掃除をする前と後の違いなどを記録に残し，子どもたちに伝えるためです。その場で声をかけ，どんな姿（場面）を教師がすごいと思ったのかを伝えますが，その姿（場面）を学級に広げるためには言葉だけでなく具体的な姿（場面）を視覚的に伝えられる写真が効果的です。大切なことは，写真を見せた時に教師が何に感銘を受けたのか具体的な姿（場面）を伝えたり，考えさせたりすることです。具体的な行動を価値づけ・評価してもらえることで，何がよかったのか理解し，次もやってみようという意欲につながります。さらに学級全体に広げることで，真似する子や自分の掃除に生かす子が出てきます。その子たちの学んだことをすぐに実践する姿を評価していきます。

②子ども同士で評価し合うための"掃除部長"と"掃除副部長"

　中学年であれば，子ども同士で評価し合うのも1つの方法です。グループごとに掃除部長・掃除副部長を決め，1週間ごとで交代するなど全員が役割を経験できるようにします。掃除部長の仕事は，掃除終了3～5分前に他の掃除場所を点検し，評価することです。掃除副部長の仕事は，違うグループの掃除部長から評価を聞き，同じグループの子に伝えることです。初めは教師も一緒に見ながら点検し，評価ポイントを教えますが，いずれは，きれいになっているところや改善点に子ども自身が気づき，子ども同士で伝え合える学級になるように，この評価システムを取り入れていきます。

中学年向けの評価の具体例

①「すごいと思ったところはどこでしょう？」

　写真を使って子どもの姿を評価する時，教師が一方的に伝えるのではなく，子どもたちに考えさせ，子どもにその姿を価値づけてもらいます。

　例えば，右の写真を見せて，こう問います。「先生がすごいと思ったところはどこでしょう？」すると，子どもたちは「隅まで掃除をしている」「見えないところまで掃除をしている」と，その子のすごいところを探し始めます。子どもの意見を聞いた上で，「ごみ箱をどかし，みんなが気づかないようなところまで掃除をしている」という教師がすごいと思ったところを伝え，その子を評価します。また，子どもに考えさせる場面を設けることで，子ども同士でその子の姿を価値づけすることができ，「自分もやってみよう」という意欲につなげることができます。

②掃除部長の〈ワンポイントアドバイス〉

　掃除場所を点検する時，どこに注目するとよいかというチェックポイントを掃除場所ごとに教えていきます。例えば，「四隅にごみ・汚れがないか」「シンクや床に水気が残っていないか」「便器に汚れがないか」「掃除道具（ぞうきんかけ）が整っているか」といったポイントを伝えます。これらのチェックポイントを踏まえて，掃除部長には「きれいに掃除されている（整っている）場所はどこか」「明日掃除をする時，ここを中心に掃除しよう！というワンポイントアドバイス」という2つのことを，掃除副部長に伝えるように指導しておきます。

　よかったところと改善点を1つずつというように，評価の視点を定めておくことで，より具体的な気づきが子どもから出るようにします。子ども同士の評価によって，子どものやる気を高めていきます。

（加藤　百合絵）

2 やる気を高める掃除の評価アイデア

高学年向けの評価アイデア

視点別ポイント制

　高学年は，自分だけでなく，周りを見る力が伸びてくる時期です。また，自分たちで課題に気づき，自分たちの力で活動の質を高めていくこともできるようになってきます。そんな高学年の子どもたちにおすすめしたいのが「視点別ポイント制」による掃除評価です。

　「視点別ポイント制」とは評価の視点を与え視点ごとにポイントをためていく方法です。例えば，掃除前に次のような視点を用意して伝えておきます。
・「ていねいポイント」：隅々までていねいにきれいにしている
・「協力ポイント」　　：協力して掃除に取り組んでいる
・「プラス１ポイント」：自分の担当が終わっても，別の掃除をしている
・「課題ポイント」　　：明日の掃除をよりよくするための課題に気づく

　これらの視点をもとに，掃除中にポイントをためていきます。例えば，次のようにポイントをためていきます。
・自分は隅まで意識してぞうきんがけをした：「ていねいポイント」
・○○くんと○○さんが教卓を協力して運んでいた：「協力ポイント」
・自分はぞうきん担当だが，終了後壁みがきもした：「プラス１ポイント」
・掃除終了後，まだ細かいごみがとりきれていなかった：「課題ポイント」

　主語は自分でも友達でもよいことにします。自身のがんばりや，友達のよい姿の両方にポイントを入れられるようにしておくためです。また「課題ポイント」を用意しておくことで，次に向けた課題に気づくことにも価値を与えます。課題を克服させることで，子ども自身が掃除の質を高めていきます。

視点別ポイント制のチェックシート

　視点別ポイント制では，チェックシート（A5サイズ）を用意し，毎回の掃除終了時に記録させます。記録係は日がわりで交代させましょう。

　あらかじめ4人か5人の清掃班を組んでおき，班ごとにファイリングしていけば，成長の記録となります。

チェックシート				組	月	日	
	ていねいポイント	協力ポイント	プラス1ポイント	課題ポイント	課題クリアポイント	合計	
今回	点	点	点	点	点	点	
通算	点	点	点	点	点	点	
課題メモ							

視点別ポイント制の実際

❶掃除終了2分前，記録係が司会となって，本日のポイントを記録する。
　例：記録係「今日ていねいポイントをためた人はいますか」
　　　児童A「はい。○○さんが最後の隅までぞうきんをかけていました」
　　　記録係「1ポイントですね。協力ポイントはどうですか」
　　　児童B「はい。ぞうきん担当で分担してバケツの水がえをしました」
　　　児童C「はい。○○くんが掃除道具を準備してくれていました」
　　　記録係「協力ポイントは2ポイントですね」（他ポイントも同様に）
❷前日にあがった課題について確認する。
　例：記録係「昨日の課題『まだ細かいごみが落ちていた』について，今日クリアできたと思う人はいますか」
　☆班の全員が手をあげることができたら，課題クリアポイント1点。
❸記録係が，通算・合計ポイント，本日の課題を書いてファイルにとじる。
　☆通算ポイントは「班の強み」の傾向の分析に活用します。合計ポイントは，高い順に表彰したり，次の担当班の目標値に設定したりするなどして活用します。

(古橋　功嗣)

2 やる気を高める掃除の評価アイデア

異学年縦割り掃除の評価アイデア

ホワイトボードにネームマグネットをつけるようにする

　掃除が終わったら，ホワイトボードを用意します。このホワイトボードには掃除の評価レベルを示しておきます。レベル1からレベル5までを用意します。このホワイトボードに各個人のネームを記したマグネットをつけさせます。自分で今日の掃除をふり返り，どのレベルであったかを自己評価させるのです。

　なお，自己評価させるためには，あらかじめレベルの基準を理解させておく必要があります。毎時間，始めの分担を確認する時に，このレベル表も見せておくようにします。そして，昨日よりも自分のレベルを上げるように呼びかけてから，掃除をするようにします。

　この評価であれば，何をどうすればレベルが上がるのか見てわかります。めあてをもって掃除をすることにより，子どもの意欲を高めることができます。

	レベル内容	マグネット
5	道具の片づけをしたり，道具をきれいにしたりすることができた	
4	そうじ場所をピカピカにすることができた	
3	時間いっぱいそうじできた	
2	そうじ道具を正しく使ってそうじできた	
1	そうじの始まりの時こくまでに集合できた	

「今日の掃除チャンピオン」を決める

　掃除が終わって、みんなで集まって反省をする際に、今日だれが一番掃除をがんばっていたかを、みんなで決めます。もしくは、以前と比べて、一番掃除がうまくなった人でもよいでしょう。それを「今日の掃除チャンピオン」とします。

　教師が、「今日の掃除チャンピオンを決めます。今日のチャンピオンだと思う人を一斉に指さします。それではいきますよ。1、2、3、ハイ！」と言って、全員に指をさしてもらいます。

　こうやって、みんなからの推薦が一番多かった人をその日のチャンピオンとします。

　チャンピオンを推薦したら必ず、その理由を発表します。そうすることで、どのような働きをすることが必要かを共有することになります。

今日の〇〇さんのよいところを発表させる

　1日に1人を決めて、掃除の開始前に、「今日は〇〇さんの日です。〇〇さんのがんばりをたくさん見つけましょう」と言って掃除を始めます。そして、その子の掃除の様子をみんなで観察します。掃除が終わって反省会の時間に、その子のがんばっていた様子を全員が発表します。

　「〇〇さんは、掃除時間が始まると、すぐに掃除を始めたところがすばらしかったです」

　自分が見られているということで、その子の意欲も高まり、みんなから認められることで、自己有用感も高まります。

　また、自分がほめられると、他の人のこともほめたくなります。次の人の時は、積極的にその子のがんばりを見ようとします。

　こうした互いにほめ合うサイクルがうまく進むことで、個人個人のやる気が増していきます。

（高本　英樹）

3 中だるみをテコ入れするアイデア

開始時刻に遅れる子への
アイデア

遅れる原因を探る

　開始時刻に遅れる子どもには，様々なタイプがあると思います。
・もともと，行動が遅く，どの時間でも遅れがちである
・遊びに夢中になって，開始時刻に遅れる
・掃除をすることがめんどうである
・掃除のやり方がわからないから，逃げてしまう
　まずは，原因を探りましょう。

開始時刻に遅れる子への指導の具体例

①しからない

　どんな原因であっても「しからない」は共通の対処法です。しかってやらせると，その時はよいのですが，いずれその繰り返しになってしまい，毎回しからないとできない子どもになります。さらに，ますますさぼることになってしまい，負のスパイラルに陥りがちです。
　むしろ，がんばっている子どもをほめ続ける方が，効果が上がります。

②先生が一緒に掃除する

　「子どもがさぼっている」となげいている先生自身が職員室で休んでいる，これでは子どもたちの意欲につながりません。また，ただ先生がいても監視しているだけでは，さぼっている子どもばかりに目がいきます。がんばっている子どもをほめながら，楽しく掃除できる雰囲気をつくりだします。

③ペア掃除，シンクロナイズド・スウィーピング

　遅れてくる子ども対策として，私が行った方法を2つ紹介します。

　1つはペア掃除。ペアになって掃除をするのです。一緒に行動することで，遅れてくることを防げる場合があります。さらに慣れてきたら「シンクロナイズド・スウィーピング」を行います（長いのでシンクロと呼んでいました）。2人が呼吸を合わせて同じ動きをするのです。結構難しいですが，慣れてくるとできるようになります。無言掃除ではなくなりますが，かけ声をかけることでやる気が出ることもあります。

　もう1つは先頭を決めて，あとの子どもはその子についていく方法です。最初は先生について行動させてもよいでしょう。遅れてくる子どもを先頭にすると，あとの子どもが追い立てるので，早く行動しないといけない状況になります。

　その他の方法もありますが，継続してやってみることが大切になります。

④個別指導と全体指導

　それでも開始時刻に遅れる子どもは，何か別の問題があると思います。個別指導が必要となるでしょう。掃除だけが原因ではないかもしれません。

　また，一生懸命にがんばる子ども，まじめな子どもへの対応も大切です。「なんで，あの子だけ」となってしまわないようにしなければなりません。

　「不安は不満を生み，やがて怒りに変わる」

　保護者対応でよく言われる言葉です。これは，保護者だけではなく，子どもたちにもあてはまります。

　「あの子はちゃんと開始時刻にくるようになるのかな？」という不安のうちに消してしまうようにして，開始時刻に遅れる子どもや先生に不満をもたせないようにしておくことも大切です。

（笹原　信二）

3 中だるみをテコ入れするアイデア

掃除中におしゃべりをしたり遊んだりする子へのアイデア

掃除中におしゃべりをしたり遊んだりする子の心理

　子どもたちは，掃除をしないといけないことをわかっています。しかし，友達とおしゃべりをしたり遊んだりしてしまうのです。

　子どもたちに理由を聞いてみると，「つい……」「ちょっとくらい……」「めんどうくさいから」という言葉が返ってきます。

　つまり，気のゆるみやなまけ心が，与えられた役割を果たすことの大切さを忘れさせているのです。

　そこで，子どもたちに心の変容を促す手立てを講じます。

「なまけにんじゃ」に好かれるな!!

　学級活動の始まりとともに，忍者のイラストを提示します。

　子どもたちが，忍者のイラストに興味をもったところで，「○○○」にんじゃと板書します。空欄に入る言葉を想像させたあと，空欄に「なまけ」という言葉が入ることを教えます。

　子どもたちが，「なまけにんじゃ」の存在に興味をもったところで，「なまけにんじゃ」の詩を紹介します。(『詩集　トマトとガラス』荘司武・著，かど創房)

　なまけにんじゃとは，何かをしようとすると，すぐに「なまけよう」とじゃまをしてくる忍者であることを理解させたあと，「なまけにんじゃ」が声をかけたくなる子を考えさせます。

　さそいの言葉に弱い子のそばに，「なまけにんじゃ」が近寄ってくることを知った子どもたちに，「あなたのそばには，『なまけにんじゃ』がいません

か？」と発問します。続けて,「『なまけにんじゃ』に好かれないためには,どうしたらよいでしょう」と言って,自分の行動を見つめさせ,改善策を考えさせます。

　子どもたちは,「なまけにんじゃ」という詩を通して,自分の心の中にある「なまけ心」に負けないようにしようと意識したり,勉強や仕事をする時にしっかりと取り組もうと心がけたりするようになります。

「なまけにんじゃ」のさそいに負けない強い子を発見‼

　子どもたちの行動に変化が現れる時がきます。その瞬間をカメラに残すようにします。そして,「『なまけにんじゃ』のさそいに負けない強い子を発見しました！」と言って,帰りの会などで紹介します。

　そして,紹介した子どもたちが,「なまけにんじゃ」のどんな言葉に負けなかったのかを全体で考えさせます。この写真であれば,「先生は教室にいて見にこないから,おしゃべりしたり遊んだりしていてもいいんじゃないの？」という意見が出るでしょう。

　子どもたちは,変容した姿を紹介されることで,学級全体が変化していることに気づき,自分も同じように変化していきたいと思うようになるのです。

　学級の仕事に対する姿勢は,確実に変わっていきます。

「なまけにんじゃ」を思い出させよう‼

　子どもたちの変容は,全員には現れません。変容したと思っても,すぐにもとにもどる場合があります。そんな時は,子どもたちに,大切なことを学んだ時のことを思い出させるのです。もし,掃除中におしゃべりをしたり遊んだりする子がいるのを発見したら,「なまけにんじゃに負けちゃったのかな？」と声をかけます。または,忍者の写真を見せます。「掃除をしなさい‼」よりも何倍も効果を発揮することでしょう。

（猪飼　博子）

3 中だるみをテコ入れするアイデア
手抜きをしてしまう子へのアイデア

教師からプラスの雰囲気づくりを

　例えば，だらだらと動いて時間をむだにしている。例えば，ぞうきんがけを隅まできちんとやろうとしない。例えば，机運びをゆっくりやって友達ばかりに運ばせている。上記のような「手抜き」をしている子の姿を捉えた時，まずは子どものすべての手抜きをフォローするつもりで，教師が懸命に掃除をし続けることが大切です。てきぱき動き，子どもがやりそこなった隅までぞうきんをかけ，机運びを人一倍するのです。笑顔で，さわやかに，そっとフォローしていくことが肝要です。それで，「手抜き」をしている子が変わる保障はありません。しかし，何人かは，きっと教師が懸命に掃除する姿を見ているでしょう。

　また，「手抜き」をしている子の姿を捉えた時，そんな時こそ「手抜き」をしていない子に目を向け，その懸命さやていねいさをほめるよう心がけます。そうして，そもそも「手抜き」をしない子を増やしていくのです。掃除に取り組むよい姿を学級で紹介し教師が価値づけをしていけば，掃除に対するプラスの雰囲気が少しずつ形成されていきます。教師の姿はもちろん，掃除に対する友達の懸命さは，より周りの子へプラスの影響を与えるでしょう。

　「手抜き」をしている子を見捨てるわけではありません。教師の姿，子どものよい姿で，掃除に対するプラスの雰囲気づくりをしつつ，「手抜き」をしている子を待つのです。そして，周りに感化され，その子自身が掃除に対する取り組み方を変えた時がチャンスです。どんな些細な変容も見逃してはいけません。些細な変容を見逃すことなく，その変容を認める声かけをします。掃除に対するプラスの雰囲気に，少しずつ引き入れていきましょう。

やる気を刺激するイベントを仕掛ける

　４月のやる気をとりもどし，「手抜き」を改善するためのイベントを紹介します。

①学級掃除撮影会を企画する

　学級の掃除の様子をビデオ撮影し，映像で観察させる取り組みです。このイベントを仕掛けると「がんばっている子」が明らかになります。また「手抜き」をしている子には，自分の姿を「自覚」させるよい機会となるでしょう。１度目は予告せずに撮影し，映像を見て気づきを共有させたあと，予告して２回目を行えば，子どもたちに成長を実感させることができます。

②人を招待する

　人の視線を感じると，気持ちがひきしまり，「手抜き」をしている場合ではなくなるものです。例えば，校長先生や教頭先生，他クラスの先生，他学年の子どもを掃除場所に招待しましょう。自分のがんばりポイントを書いた招待状を子どもにつくらせ，自分の手で相手に届けさせます。自分のやる気を「宣言」することになるので，より一生懸命な姿を期待することができます。一生懸命な姿が見られたら，大いに認め，その後につなげていきましょう。

③掃除のプロを招く

　掃除を仕事にしているプロの人たちを招き，話を聞くこともやる気を刺激するよい機会となります。例えば，ミスタードーナツの運営で知られる株式会社ダスキンは出前授業を行っています。出前授業では，掃除の意義を聞いたり，各道具の正しい使い方を体験的に学んだりすることができます。掃除のプロがどんな視点をもっていて，どんな技を使っているか学ぶ場を用意することは，掃除へ向かうやる気を高めるでしょう。

（古橋　功嗣）

3 中だるみをテコ入れするアイデア

後片づけ・確認をしない子への アイデア

後片づけ・確認をしない子へのポイント&アイデア

①後片づけされている写真を掲示する

　後片づけをしない子や道具を片づけたかを確認しない子の中には、どこに何を片づけたらよいのかわからないことが原因の子がいます。そういった子をなくすために、後片づけされた掃除道具入れやぞうきんがきれいに整っているぞうきんかけの写真を掲示しておきます。片づける場所の近くに掲示しておき、「この写真のように片づけましょう」と伝えておけば、子どもたちは自分たちで写真を見ながら片づけができるようになります。

②発見力・行動力を育てる

　大前提として、〈自分が使った道具は自分で片づける〉ことが基本です。しかし、他のことに気をとられて後片づけや確認を忘れてしまう子もいます。また、他の掃除場所の手伝いや急な頼まれごとで、道具を置きっぱなしにしてしまうという事情がある場合もあります。

　後片づけ・確認をしない子には様々な要因が考えられますが、片づけられていない場面に遭遇した時、周りの子が何もやらず・何も言わずにそのままほうっておく学級では、何も変わりません。まずは、「片づけられていない状況や、進んで片づけている子に気づける発見力」「放置されている道具があった時、自分から進んで片づけたり、その道具を使っていた子に進んで声をかけたりすることができる行動力」この２つの力を学級で育てていくことが大切です。

後片づけ・確認をしない子への指導の具体例

①後片づけの意味を考えさせる

　掃除道具入れがぐちゃぐちゃな写真（写真①）と整っている写真（写真②）を子どもたちに見せ、「どちらがきちんと後片づけされている写真ですか」と子どもたちに聞きます。きっと、子どもたちは整っている写真を選ぶでしょう。そこで子どもたちに「なぜ写真①の片づけ方ではダメなのですか」と問います。子どもたちに後片づけの意味を考えさせるためです。きちんと後片づけをしておけば、次に使う人がどこに何があるかがわかりやすく、すぐに使うことができます。また、掃除道具によっては、道具を長く使えるようにするために片づけ方が決まっているものがあります。片づけ方の意味を子どもたちに考えさせてから、整っている写真を掲示することで、より意識して後片づけに取り組むことができます。

写真①

写真②

②中だるみの現状を知り、行動を価値づける

　中だるみしている状況を変えるためには、まずは自分やクラスが中だるみしている現状を知る必要があります。そこで、掃除道具が片づけられていない場面の写真を撮っておき、その写真を見せて次のことを問います。
　「ほうきが片づけられていないことに気がついていた人はいますか」
　「このあと、（片づけられていないほうきは）どうなったのでしょうか」
　子どもたちの方から、「○○さんが片づけていた」「○○さんが声をかけていた」という発言があれば、その子の行動力をほめるとともに、その行動に気がついていた人の発見力をほめます。子どもたちから出なければ、教師が行動に移していた子をほめます。現状に気づかせ、行動に移している子を価値づけする。その積み重ねによって、後片づけ・確認をしない子を減らしていきます。

（加藤　百合絵）

4 いろいろな子どもへの掃除指導アイデア

荒れた学級で掃除に取り組むアイデア①

まずは教室をきれいに

①ひとつ拾えば，ひとつだけきれいになる

　荒れている学級の教室はごみなどが散らかっている場合が多いです。心のすさみが，場の汚れにつながるのだと思います。逆に，教室をきれいに掃除できれば，荒れがおさまってくるとも考えられます。そこで，荒れている学級を担任したら，まず，教室をきれいにすることを考えてきました。

　「ひとつ拾えば，ひとつだけきれいになる」という鍵山秀三郎氏の言葉があります。子どもたちに「きれいになるのは教室だけでなく拾った人の心もきれいになるんだよ」と話して，床に落ちているごみを拾うこと，掃除を大切にすることを学級の目標の１つとします。

②担任も一緒に掃除を

　担任も一緒に掃除をしましょう。一緒にすると子どもたちの様子がわかってきます。また，きれいになり，早く掃除が終わります。

　荒れた学級を担任した時は，掃除時間だけでなく，昼休みや放課後にも教室の掃き掃除をしていました。ボランティアを募って，一緒に掃除をする子どもたちを増やしていくと楽しくなります。ボランティアに参加してくれた子を徹底的にほめます。帰り掃除のボランティアに参加した子は，掃除が終わったら黒板に名前を書いて帰るようにします。翌日，黒板を見て，朝の時間に全員の前で，再度ほめることができます。

　掃除をさぼる子を教室掃除の担当にすることもあります。担任から教室掃除のプロと認められると他の場所の掃除担当が認められます。

ほめる

①掃除のやり方を教えてほめる

　荒れた学級には掃除のやり方をよく知らない子がいます。掃除のやり方を教え，上手にできた子を大げさにほめていきます。掃除のやり方は，第2章・第3章を参考にしてください。

②ほめる種まきを

　「○○くん，その机を運んでくれる？」「ちりとりを持ってきてくれる？」「このごみを捨ててきてくれる？」などと，何をしてよいかわからないでいる子に，手伝いを頼みます。やってくれたら笑顔でうれしそうにほめましょう。これを「ほめる種まき」と言っています。

③○○のプロをめざす

　荒れた学級を途中から受けもったことがあります。担任が手を焼いていた男の子たちはなかなか掃除をしませんでした。そこで，掃除をしたい場所を選ばせました。2人ともトイレ掃除でしたので，「トイレ掃除のプロ」をめざすことを約束して認めました。トイレを洗剤だらけにしたり，水びたしにしたりとやんちゃもしましたが，熱中して掃除をすることができました。トイレ掃除でたくさんほめることができ，この子たちは大変なついてくれました。このようにやりたい場所を任せるのも効果がある場合があります。

　ここに紹介したアイデアは確実に荒れがおさまるものではありません。子どもや学級の実態によってやり方は様々だと思います。荒れた学級を担任すると早く立て直したいと焦ってしまいます。焦るとよいところをほめるどころか，子どもの欠点に目がいってしまいます。「期待しないけれど，あきらめない」という気持ちで接すると楽になります。また，1人で考えず，周りに協力してもらうことも大切です。

（波戸内　勝彦）

4 いろいろな子どもへの掃除指導アイデア

荒れた学級で掃除に取り組むアイデア②

教師の働く姿を見せるようにする

　荒れた学級といってもレベルがあります。ここでいうレベルは，クラスでだれも掃除をしなくなったレベルです。ここまできてしまうと，どんな手立てを講じても子どもが掃除をするようにならない気がします。こうなると，子どもの心に訴えるほかありません。

　教室が汚れていてもだれもきれいにしようとしない。その現状を見て，教師が子どもに掃除をさせようとすると，どうしても子どもに圧をかけてしまいます。しかし，教師や大人や社会に対する不満をぶつけている子どもたちに，その圧は通用しません。教師の方が，あっけなく撃沈してしまいます。

　そうではなく，教師が１人の人間としてこの教室をどうしたいのか考えます。「きれいな教室にしたい」と思うなら，自分が掃除をすればよいのです。決して子どもに見返りを求めてはいけません。「自分が掃除している姿を見れば，子どもも掃除をするようになるだろう」なんていう甘い考えは捨てます。その心は表出します。そして，そんな教師の心を子どもが見抜くと，子どもは余計に反発します。

　「大人として，また，教師として，自分にこの教室をきれいにする責任がある」と思って掃除をするのです。だれに言われるのでもなく，だれに見せるのでもなく，自分の生き方として，掃除をするのです。

　こうした裏表のない姿を子どもは見ています。知識は教授ですが，態度は感化して身につきます。教師の姿を見て感化される子どもが少しずつ生まれてくるはずです。

子どもの心を信じて待つ

　私が荒れたクラスの担任だった時，子どもたちは教室にいても，おしゃべりをしたり，トランプをしたりして，だれも掃除をしようとしませんでした。その状態のままで1週間，私はただ黙々と教室を1人で掃除していました。

　そのうち，重い教卓を運ぶ時だけ，数人の男子が手伝ってくれました。運んだらすぐに，遊びにもどるのですが……。私は思わず，「ありがとう」と言いました。もちろん，彼らからの返事はありませんでした。

　1週間経って，数人の女子が毎日，私と一緒に掃除をしてくれるようになりました。彼女たちのおかげで，ずいぶんと掃除が楽になり，15分で教室中を掃除することができるようになりました。

　しかし，その他の子どもたちはあいかわらず遊び続けていました。それでも，机運びの時は，じゃまにならないように移動してくれるようになりました。

　1か月が経過した頃，養護の先生から次のような話を聞きました。ある女子が保健室に遊びにやってきて，「今の担任は，今までの先生と違う。裏表がない。自分がすることを自分たちに押しつけようとはしない。自分が正しいと思うから行動するって感じ」と，私の話をしていたというのです。この話を聞いた時，自分のしていることが，子どもにちゃんと伝わっていたことがうれしくてたまりませんでした。

　その後，少しずつ学級が回復し，掃除をしてくれる子どもが半数を超えるようになりました。半数を超えるとその後の変化は早く，ほとんどの子が掃除をするようになりました。「私がぞうきんを持つなんて，2年生の時以来かも」なんておどろく言葉を発する子どももいました。当時は6年生でしたので，その子は4年間もぞうきんを持っていなかったことになります。

　人の心を変えることは難しいです。しかし，変わる可能性を秘めていることもたしかです。「子どもの心を信じてじっと待つ」ことが，荒れたクラスをもった時には大事です。

（高本　英樹）

4 いろいろな子どもへの掃除指導アイデア

特別な支援を要する子が意欲をもつアイデア①
通常学級の場合

本人の意思が尊重されるようにする

　通常学級在籍で特別な支援を要する子の中には，高学年になっても掃除に対する意欲がまったくもてず，ブラブラしてめんどうくさがりほとんど掃除をしない子どもがいます。そのような子どもは，強制的に掃除をさせると一時的にはしても，結局は反発してさぼったりごまかしたりするようになります。このような場合，教師はそもそも，なぜそうなってしまったのかというところを，見過ごしてしまいがちです。

　小学校に入学したばかりの頃は，ほとんどの子どもにとって掃除も遊びも新鮮であまり差がなくやりたがります。学年が上がると，掃除はやりたくなくてもしなければならないことを理解していくのが一般的です。しかし，特別な支援を要する子の中には，悪気はないけれど自分の気持ち中心で物事を考えてしまったり，みんなのために掃除をするということが理解できなかったりする子どもがいます。そして，徐々に周囲との差が生まれ，掃除の適当さが目立つようになります。そして，高学年では注意を頻繁に受けるようになり，さらに意欲が低下するという悪循環に陥ります。

①意欲の低下を防ぐためには，まず本人の気持ちを聞くこと

　掃除をしたがらないという子どもは，掃除ができないというのではなく，自分は何をするのか，何ができるのかがはっきりわからないという場合がほとんどです。ですから，「何をするかがわかる」「その掃除はできる」という気持ちにすることが必要になります。「掃除の時間だから掃除をしなさい」と言うだけでは動けないのです。そのような場合は，どんな掃除だったらで

きそうか本人の気持ちを聞きます。その中にその子ができそうだと思える掃除内容が出てくればその活動ができるようにシステムの中に組み込みます。

②それでもしたがらない場合は掃除内容の選択肢を準備する

　できる掃除がまったく思い浮かばない場合もあります。その時は，教師側が選択肢を準備します。選択肢の内容として，簡単なことで抵抗感が少ないものを複数考えておいて選ばせるようにします。本人が自分の意思で選んで決めることが大事です。簡単な掃除であっても，自分で選択して決めたことを自分の力でやりとげるという日々の達成感が掃除への意欲の低下を防ぎます。

その子に対する学級のイメージを変える

　ポイントは，

> 学級の子どもたちにその子が掃除をがんばっている姿を見せる

ことです。

　気をつけなければならないことは，その子だけの孤独な掃除にならないようにすることです。その子は学級の一員なのだという意識を，その子にも周囲の子どもたちにも育む必要があります。特別な支援を要する子も，将来社会の一員として集団に所属することになります。集団への所属意識を今から育み，集団もその子どもに対するイメージを変えて接することができるような集団づくりをすることで，卒業後もその子が生きやすい共生社会の構築が期待できます。その子を受け入れていく学級にするには，その子に対する教師の称賛などの言葉かけも適宜必要です。

　特別な支援を要する子が学級で認められるように仕組むということが掃除指導でも重要です。その後は，徐々に掃除の内容を他の子どもたちと行う協働の作業へと移行することが望ましい姿となります。

（深山　智美）

4 いろいろな子どもへの掃除指導アイデア

特別な支援を要する子が意欲をもつアイデア②
特別支援学級の場合

多様なつながりを利用する

　特別支援には，トークンエコノミーという方法が用いられる場合があります。目標を達成したらシールなどのごほうびをもらえるというものです。これは，短期では効果抜群です。しかし，やってみるとわかりますが中長期ではなかなか続きません。短期であっても途中で1回でも挫折してしまうと，投げやりになってしまう子どもも見られます。その気持ちを新たに立て直すことに時間を費やすことになり，何が目的かわからなくなります。また，ごほうびがあるから掃除をするという本末転倒な理解の仕方をしてしまう可能性もあります。

　では，どのようなことが望ましいのでしょうか。結論から言えば，「多様なつながりを利用する」ことが，将来の就労に向けてもとても有効な方法です。

①特別支援学級の掃除とは？

　特別支援学級の子どもが，特別支援学級の教室の掃除をする場合はとてもスムーズに行われることが多いでしょう。なぜなら，マンツーマンに近い状態だからです。特別支援学級の在籍児童は，平均して数人です。在籍の上限は8人です。担任の指示は行き届きやすく，その子の能力に応じて担任の指示で決められた段取り通りにすることができ，トラブルもなく平穏に掃除時間が終了していきます。もし，仮にトラブルが発生するのであれば，「特別な支援を要する子への掃除指導のポイント」（100〜103ページ）に示したように，事前に情報を入手しておくことをおすすめします。そして，掃除内容

についてその子とよく話し合って決めることが大事になります。では，特別な支援を要する子から，普段以上に意欲を引き出す「多様なつながりを利用する」とはどういうことでしょうか。

②多様なつながりとは？
　学校の中で，特別支援学級の子どもにとってつながりの深い他者といえば，その子どもとよく話をしている人です。学校での1日で考えると，あいさつをよくする校長先生，授業中声をかける教頭先生，身体測定で関わる養護教諭，校内のボランティアの方々など，数えてみると結構な人数になります。そして，そのほとんどは大人です。そのつながりを利用するのです。

信頼されて仕事を頼まれる喜びが意欲につながる

　ポイントは，

> つながっている大人への担任の根まわし

です。
　指示待ち状態の掃除を，意欲的な掃除へと変えていくには，他者からの依頼が効果的です。例えば，校長先生が朝のあいさつで玄関に立っている時に，通りかかった特別支援学級の子どもに玄関をほうきでちょっとだけ掃くお手伝いをするように声かけをしてもらいます。すると，たとえうまくできなくても子どもは頼まれたうれしさでがんばります。そして，「ありがとう，君のおかげできれいになったよ。また，頼むね」とほめられれば「また，したいな」と子どもは考えます。つまり，ちょっとした依頼される場を体験させるのです。そこから自信がつけば，チャレンジの気持ちがもてます。
　このように，学級の掃除も，他者の称賛で自信がつけばうまくなります。掃除の活動を通して仕事をする喜びを体験すれば，将来の就労の際に働く意欲の源になります。

(深山　智美)

コラム

掃除と「働き方改革」

　2018年2月9日，文部科学省からある通知が出されました。それは，教師の「働き方改革」に関する取り組みについての通知です。学校における業務改善として，今まで学校の業務とされていたものを，①基本的には学校以外が担うべき業務，②学校の業務だが，必ずしも教師が担う必要のない業務，③教師の業務だが，負担軽減が可能な業務に仕分けています。校内清掃は，②にあげられていました。学校の業務なのに「必ずしも教師が担う必要のない」とはどういうことでしょうか？　通知には，次のように書かれていました。

・校内清掃
　各学校において合理的に回数や範囲等を設定し，地域人材等の参画・協力を得たり，民間委託等を検討したりするほか，清掃指導については，輪番等によって教師の負担を軽減する等の取組を行うこと。
　(「学校における働き方改革に関する緊急対策の策定並びに学校における業務改善及び勤務時間管理等に係る取組の徹底について（通知）」より)

　なるほど，「回数や範囲等」を減らしたり，「輪番等によって教師の負担を軽減」したりするのは実現しやすいでしょう。また，民間委託をする予算がとれるのかどうかは疑問ですが，今後，全国的にコミュニティ・スクールが展開される中で，地域人材の参画・協力は十分に予想されます。
　善し悪しは別として，今後，掃除指導を含めた教師の働き方は大きく変わっていきそうです。しかし，地域の方が入ったり教師が輪番で行ったりするにしても，掃除のやり方がその都度変わってしまっては子どもが混乱します。年度はじめに，掃除のやり方をしっかり共通理解しておく必要があるでしょう。

第5章
教師が身につけておくべき掃除術

> 1 仕上げの掃除術

窓・ドアの溝

窓拭き指導のポイント

　窓には，砂や花粉，雨水やほこり，手垢，手のひらの油分など，多様な汚れが付着しています。ぞうきんでただ拭くだけではなく，しっかりした手順で，効果的な道具を用いて窓拭きを行うことをおすすめします。また，窓拭きの指導は，外側や高い部分を教師が担当するなど，安全に十分に配慮して行いましょう。

①窓拭きの手順を決める

　窓拭き指導では，次のような手順を教えます。
　❶乾拭き→❷水拭き→❸水きり
　窓のほこりや汚れは，水と混ざってかたまると余計に落ちにくくなってしまいます。まずは乾拭きをしてほこりや汚れを落とし，次に水拭きをします。水拭きでは，ガラス用洗剤や薄めた食器用洗剤を用いるとよりきれいに汚れを落とすことができます。洗剤は直接ガラスにつけず，ぞうきんや布に含ませて使用します。手荒れを防ぐためにゴム手袋を着用させるなど，安全に気をつけながら使用させましょう。最後に，水分をとる乾拭きをして完了です。

②楽しく使える窓拭き特別アイテム

　特別な道具を与えると，子どもたちのやる気も高まります。窓拭きでは，最初の乾拭きで使える「ストッキング」や，水きりで使える「スクイジー」がおすすめです。

水きりに使える「スクイジー」

「ストッキング」は，静電気を起こしやすく，ガラスを傷つけずにほこりをとることができます。また，腕を通して手で拭く感覚を楽しむこともできます。「スクイジー」は，縦向きか横向きか方向を決めさせ，上方から下方に向かって使用させます。ガラスにあてる角度に気をつけ，スジが残らないようにさせましょう。柄の長いタイプのものを用いれば，子どもでも高い部分の掃除を行うことができます。

③手軽で身近な掃除道具「新聞紙」を活用する

　窓掃除に有効な掃除道具，「新聞紙」を用いた窓拭きも効果的です。エコな掃除道具であるとともに，新聞紙に使われているインクは，油分や手垢を分解する効果があり，つや出しや曇り防止の効果を期待することができます。

　掃除指導では，まず新聞紙の1面を丸めた「新聞ボール」をつくらせましょう。窓に結露があればそのまま，窓が乾いている場合は乾拭きしてほこりを落としたあと，新聞ボールを少し湿らせて窓拭きを始めます。上方から下方に向かって，新聞ボールで1回窓拭きをさせ，2回目に，乾いた新聞ボールを使い同様の手順で水きりをして完了です。

窓のサッシやドアの溝におすすめの100円ショップアイテム

　窓のサッシやドアの溝は，細かい部分であるため，忘れているとごみや汚れがたまっていることが多いです。定期的に気にかけ，きれいにしていくことが大切です。

　窓のサッシやドアの溝は細く，ごみがとりづらいという特徴があります。隅の細かい部分は，歯ブラシや爪楊枝を用いるとよいですが，例えば100円ショップにある右のようなアイテムが便利です。右のアイテムは，ペットボトルの先にとりつけるブラシです。水を出しながら，ブラシをかけることができます。水に洗剤を含ませて用いれば，しつこい汚れを落とすこともできます。

DAISO
「山型ブラシ」

（古橋　功嗣）

| 1 | 仕上げの掃除術 |

机・椅子の脚の裏

机・椅子の脚の裏掃除の指導のポイント&アイデア

①机・椅子の脚の裏の素材と形

　学校用の机と椅子の脚の裏は，多くの教室の床がフローリングのため，ゴム製のものが使われています。

　脚の裏の表面は，机や椅子によって，違いがあるのをご存じでしょうか。平らなものとへこみのあるものです。

　同じゴム製の脚ですが，表面の違いによって，汚れのつき方にも違いが出ます。そのため，掃除の仕方も変わってきます。

　机・椅子の脚の裏の掃除のポイントは，次の２点です。

・素材
・表面の形

②ゴム製品のベタベタが脚の裏をきれいにする鍵

　机の中のものをすべて取り出し，ひっくり返して脚の裏を見てみると，髪の毛や糸くず以外の汚れがあることに気がつきます。

　髪の毛や糸くずと脚の裏の表面をつなぎとめているベタベタしたものです。

　ベタベタの正体は，ゴム製品が加水分解を起こしたものなのです。加水分解とは，水が作用して物質が分解される分解反応のことです。

ゴム製品には，弾力性をもたせるために薬品が使われています。湿気によってゴム製品が加水分解を起こすと，その薬品がちょっとずつ表面に溶け出してきます。溶け出してきたものが，ゴム製品についているベタベタの汚れです。
　ゴム製品を傷めずに，汚れを落とすには，次の方法が有効です。
・無水エタノールを使う
・重曹を使う
　無水エタノールと重曹は，ドラッグストアで購入できます。
　ぞうきんやティッシュにしみ込ませ，脚の裏を何度か拭きます。ベタベタは洗濯しても落ちないので，捨てられるものを使うとよいでしょう。

③竹串と割り箸が大活躍
　脚の裏の表面にへこみがある場合，布やティッシュを用いるだけでは，隙間の汚れをとりのぞくことはできません。そこで，大活躍をするのが，竹串と割り箸です。
　無水エタノールや重曹をしみ込ませたぞうきんやティッシュを使う前に，竹串を使ってへこみの間にたまったほこりをとりのぞきます。
　次に，小さく切った布に無水エタノールか重曹をしみ込ませ，輪ゴムを使って割り箸に巻きつけ，残った汚れとベタベタを拭きとります。
　最後に，脚の裏のすべてと側面を無水エタノールか重曹をしみ込ませたぞうきんやティッシュを使って拭いて仕上げます。（竹串を使う時は安全に十分に配慮します）

　脚の裏にほこりがたまった状態にしておくと，ほこりとほこりがからみ合って，大きなごみのかたまりになります。脚の裏は見えない部分ですが，見えない部分まで掃除をすることは，「ていねいさ」を指導することにもつながります。

（猪飼　博子）

1 仕上げの掃除術

黒板の「上」・電灯のカサ

市販の掃除道具を生かす

　移動黒板であれば，黒板を下げて「上」を濡れたぞうきんで拭けばよいでしょう。これが，固定された黒板だと，椅子や脚立に上がって拭かないと届きません。

　さらに，電灯のカサになると，机の上に上がっても届かないといった場合もあります。ここで無理をして，机や脚立の上から転倒してはいけません。

　そこで，市販の掃除道具を教室に持ち込みます。

　ポリプロピレン製のはたきは，2・3回その場でふると，静電気が発生して，ほこりをよく吸着するようになります。

　また，マイクロファイバー製の柄の長いはたきがあれば，高

いところでも届きます。中には，角度がつけられるものもあり，接地面にしっかりあてて掃除することができます。

　これらを使うと，よくほこりをとってくれます。また，高いところに上がることがないので安全です。しかも，脚立などの準備がいらないので，手軽にできます。

　ただし，ほこりが上から床に落ちる場合があるので，下に新聞紙などを敷いておくことをおすすめします。

こまめに掃除する

　長い期間，ほこりをそのままにしておくと，かなりの量がたまってしまいます。そして，一度に大量のほこりを掃除すると，空気中にほこりが舞うので，衛生的にもよくありません。

　また，前述の道具を使ってもほこりを吸着しきれず，小さなほこりが残ってしまい，最終的には濡れぞうきんで拭くことになります。

　濡れぞうきんで拭いても，黒いほこりのかたまりができて，何回も拭きとらないときれいにならないこともあります。

　ですから，半年や1年に1回だけ掃除するのではなく，掃除時間に毎回，こまめに掃除をします。その方が，すべてのほこりをさっととれます。また，長い間ほこりをためなくてすむので，衛生面においてもよいと思います。

　道具があれば安全で手軽なので，子どもに掃除を頼んでおくこともできるかもしれません。少ないほこりをとりのぞくだけなので，新聞紙を敷かなくてもすみます。

年度末には全職員で掃除をする

　私の学校では，3月末に職員作業があり，その時に各教室の大掃除を行います。次にだれがその教室を使うことになっても気持ちよく入れるようにするためです。

　その時，掃除項目を記した表を配布します。その項目の中に，黒板の「上」と電灯のカサの掃除を入れています。黒板の「上」や電灯のカサは案外掃除されないままで，教室の引き渡しが行われることがあります。

　こういった，全校の取り組みも行ってほしいです。

（高本　英樹）

2　夏休みの掃除術

便器の黄ばみ・黒ずみ

頑固な汚れはサンドメッシュ（耐水ペーパー）で！

　以前，標高600mの山奥の分校に勤務していました。冬場は水道の水が凍ってしまいます。水道管の破裂を防ぐために，この時期は蛇口を少しあけて，水を出しっぱなしにしなくてはいけませんでした。
　便器の水も同じようにちょろちょろと流しっぱなしでした。そのため，長年の水垢がたまって，大便器も小便器もサビがついたように茶色になっていました。
　何度も，この汚れをとろうとブラシやたわしでみがいたのですが，汚れは落ちません。もうこの汚れはとれないのだろうなとあきらめていた時に出会ったのが，「日本を美しくする会」（鍵山秀三郎相談役）のトイレ掃除でした。「日本を美しくする会」のトイレ掃除に参加して，学ぶことがたくさんありました。その中でも学校ですぐに実践できるのがサンドメッシュを使ったトイレ掃除でした。

①おどろき！　サンドメッシュ（耐水ペーパー）でピカピカ
　サンドメッシュを使って便器をみがくと，今までの苦労はなんだったのだろうかと思うほど，トイレの汚れがとれていきました。
　サンドメッシュは，ホームセンターなどで販売していますが，100円ショップでも購入できます。1袋に3枚程度入っています。1枚を半分に切ると使いやすいです。はさみで切ることができます。頑固な水垢，黄ばみ，黒ずみには，安価で使いやすいサンドメッシュがおすすめです。

②サンドメッシュの使い方

　サンドメッシュは水に濡らして使います。水だけでも汚れは落ちますが，洗剤をつけるとより効果があります。市販のトイレ用洗剤中性タイプで十分です。傷つきやすいプラスチック製の便器には使用できないようですが，学校のトイレはほとんどが陶器製なので大丈夫でしょう。

③サンドメッシュの指導の具体例

- 先にトイレブラシなどで便器を掃除します。
- トイレブラシなどと違い，直接便器に手がふれるので，衛生面を考えてゴム手袋を使用します。
- サンドメッシュを持っていない手は，力が入りやすいように便器を持って支えます。
- 汚れが落ちにくい場合は，トイレ洗剤をつけてみがくとよくとれます。

夏休み！　まずは教師が体験

　まずは教師が体験することをおすすめします。あたたかくて，時間をとりやすい夏休みが最適です。

　右の写真は，サンドメッシュを使ってみがいた職員トイレです。黒ずみがきれいにとれました。

　一度ピカピカにすると，その後の掃除が大変楽になります。ぜひ取り組んでいただきたいです。

（波戸内　勝彦）

2 夏休みの掃除術

ビーカーの水垢

ビーカーの水垢をとるポイント&アイデア

①ビーカーに水垢がつくのは？

　学生時代，化学の実験室では「実験が終わったらガラス容器は，アセトンにつけておきなさい」と言われました。除光液を使うとインクが落ちるのは，アセトンが含まれているからです。アセトンは強力に汚れを落としますが，引火点が低く，有害です。テロの危険が叫ばれてからは，小学校で扱うことは，ますます厳しくなってきました。

　水の中にはカルキやミネラルが含まれています。これが水垢の原因です。また，石灰水を実験で使うので，白く残ることがあるのです。

　夏休みには，水垢をとって2学期の実験にそなえたいものです。

ビーカーの水垢をとる方法の具体例

①水洗い

　ビーカーにかぎらず，ガラス製品の洗浄の基本は水洗いです。できるだけ早く水洗いしておくことです。

②クレンザーを使う

　水洗いでも落ちないようなら，クレンザーをブラシや指先に少しつけて洗います。ただし，ガラスに傷をつけることがあるので，計量器には使わない方が無難です。

③洗浄液につけておく

　クレンザーでも落ちない場合は，洗浄液をつくって，1～2日ほどつけておきます。水垢はアルカリ性なので，酸を使って中和すればよいのです。

　家庭用の酸性洗剤でもよいですが，おすすめはクエン酸です。最近では100円ショップでも売っているので，簡単に入手できます。

　湯1Lにクエン酸を大さじ2～3杯くらいの割合で洗浄液をつくります。この液につけておくのです。とり出すと，ほぼ汚れはとれているはずです。とれていない場合は，再度クエン酸をかけて，スポンジやアクリルたわしでこすってみましょう。

DAISO「クエン酸」

　クエン酸はほとんどにおいがありませんし，無害で安全です。ただ，塩素系洗剤と混ぜると有毒ガスを発生させるので，絶対にしてはいけません。

　クエン酸がない場合には，酢やレモン水で代用することもできます。

　小学校で使う薬品ならば，ここまででほぼ水垢は落ちるはずです。

　これでも水垢がとれない時は，安全性を考えるとエタノールを使うとよいですが，価格が結構高いです。

④仕上げ

　仕上げは，できれば純水か，一度沸騰させた水を使って拭きとっておくと，水垢が残りにくくなります。

⑤石灰水を使ったあとの汚れには

　石灰水から残ったものは炭酸カルシウムですので，塩酸を少し入れてふるようにして溶かしましょう。この塩酸は何度も使えるので，夏休みに一気にやってしまいましょう。

　日頃のメンテナンスをしっかりして，水垢がこびりつかないようにしておくことが一番大切です。

（笹原　信二）

| 2　夏休みの掃除術

教室のカーテン

カーテン掃除の指導のポイント&アイデア

①カーテンそのものを洗う

　そもそも，教室のカーテンを洗ったことなどない，という教師が多いことでしょう。無理に洗う必要はありませんが，目立たないだけで確実に汚れています。また，花粉も付着している可能性があります。洗うことができる環境であれば，洗うに越したことはありません。

②カーテンの補修

　カーテンの開け閉めの際，乱暴にひっぱっていると，徐々にカーテンの端の方がほつれたり破れたりします。そのままにしていると，その部分をひっぱった時にさらに破損が大きくなります。そのような破損を小さなうちに補修しなければなりません。ぼろぼろのまま，次年度の担任へ引き継ぐのではなく，その年度の長期休業中に補修しておきましょう。

③タッセルやランナーの補修

　カーテンをとめるための帯状のものを何と言うかご存じでしょうか？「タッセル」と言います。このタッセルでカーテンをくるっととめますが，このタッセルを壁にかける紐の部分がちぎれていることが多いのです。

　なかなか通常時は補修する時間的余裕がありません。夏休みのような長期休業時こそ，それができるチャンスです。

また、カーテンをカーテンレールにとめている、左右に動く部品をランナーと言います。ランナーはカーテンレールの中を動いて、カーテンを開閉するのに必要な部品です。

それが、何か所か外れていることもあります。部分的に垂れ下がっていてみっともないし、そこから陽の光が漏れることもあります。このようなところも、長期休業中に補修しておきましょう。

教室のカーテンを洗濯・補修する方法の具体例

①PTAとの連携
　年に1～2回、PTAが教室のカーテンを洗濯したり、クリーニング店に出したりしている学校もあります。「自分の学級でもしてほしい」という場合は、いきなり保護者に頼むのではなく、管理職に相談して、学校全体で行うことが望ましいです。

②家庭科との連動
　6年生担任であれば、家庭科の授業の延長として、あるいは年度末に学校への恩返しの一環として、各教室のカーテンを補修する活動を仕組むこともできます。オリジナルのタッセルづくりなども、楽しみながらできるでしょう。

③たりない部品は購入を
　破損のひどいタッセルやたりないランナーは、事務職員を通じて購入してもらいましょう。各学級でどのくらい必要かを把握できれば、事務職員もまとめて購入することができます。

（辻川　和彦）

あ と が き

　本書では，用具の正しい使い方や場所別の掃除の仕方，様々な工夫や楽しいアイデアなどを示しました。
　しかし，それで子どもたちが完ペキに掃除をすることができる，というわけではありません。毎日の掃除の中で，汚れた個所の見落としもあれば，ごみが残っていることもあります。
　私は，毎朝，子どもが登校する前に教室へ行き，教室の床やランドセルを入れる棚をサーッとひと掃きしています。
　教室の壁ぎわをひとまわりするだけで，ごみやほこりが結構たまります。
　前日に掃除をしたはずなのに，です。
　しかし，子どもたちは清掃業者ではないのですから，そんなものなのです。
　教室を掃くのは，時間にして5分程度です。これで，子どもたちが気分よく教室に入ってくることができるのなら，まったく苦にはなりません。
　子どもの掃除が完ペキでないなら，教師がフォローすればよいのです。

　家電製品の中には，自動でごみを掃きとってくれるロボット掃除機が開発されています。最近では，それに拭き掃除をする機能まで加わりました。
　たしかに便利ですが，このような開発の方向性を見ると，人間って，そんなに掃除をするのがめんどうなんだなあと思います。
　一方で，サッカーのワールドカップロシア大会では，日本戦が終わったあとにサポーターが会場の掃除をしたり，日本代表が使ったロッカールームがきれいに掃除されていたりしたということが話題になりました。
　外国では，掃除は労働とみなされています。文化の違いなので，それがよい・悪いということはありませんが，そんな諸外国の人々も称賛していました。もし，そのサッカー会場を掃除しているのがロボット掃除機だったら（それはそれですごいことですが），これほど多くの人々が感動してはいなか

ったでしょう。
　人間は，掃除をするのはめんどうだけれど，掃除をきちんとできる人間やそのような行為にあこがれているのかもしれません。

　日本の子どもたちは，毎日，学校で掃除をしています。
　遠足でも，帰る前に使った場所の掃除をします。
　宿泊行事でも，泊まったあとは部屋の掃除をします。
　日本の教育では，日常の学校生活でも，行事などで校外へ出かけても，掃除を行うことが当然の流れになっています。
　「自分が使った場所は自分で掃除をする」という意識が，長年の学校教育の中で，子どもたちの中に浸透していくのかもしれません。
　ワールドカップで日本のサポーターが会場を掃除していた背景には，このような掃除教育の文化があるのは間違いありません。
　どれだけ家電製品のＡＩ化が進んでも，学校掃除は子どもたち自身の手で，アナログなやり方で続いていくことでしょう。本書は，そのような学校の掃除指導について役立てられるようまとめています。
　なお，本書は全国の先生方にも協力していただき，様々な掃除指導の工夫やアイデアを執筆していただきました。快く引き受けていただいた先生方，そして，このような企画を提案し，私に本書の編集の機会を与えていただいた明治図書の茅野現氏に，深く感謝を申し上げます。

2018年10月8日
辻川　和彦

【執筆者紹介】（執筆順）

辻川　和彦　　長崎県川棚町立川棚小学校
古橋　功嗣　　愛知県刈谷市立東刈谷小学校
加藤百合絵　　愛知県春日井市立東高森台小学校
猪飼　博子　　愛知県あま市立甚目寺南小学校
波戸内勝彦　　佐賀県唐津市立北波多小学校
黒川　孝明　　熊本県熊本市立健軍小学校
笹原　信二　　熊本県熊本市立龍田小学校
高本　英樹　　岡山県美作市立美作北小学校
深山　智美　　長崎県佐世保市立相浦西小学校

【編著者紹介】

辻川　和彦（つじかわ　かずひこ）

1968年長崎県生まれ。島根大学教育学部卒業。1995年から教職に就く。現在，長崎県内の小学校に勤務。「佐世保教育サークル」に所属。「道徳のチカラ」の機関誌『道徳のチカラ』編集長。
〈編著〉『現場発！失敗しないいじめ対応の基礎・基本』（日本標準）

掃除指導　完ペキマニュアル

2019年2月初版第1刷刊 ©編著者	辻　川　和　彦
発行者	藤　原　光　政
発行所	明治図書出版株式会社
	http://www.meijitosho.co.jp
	（企画）茅野　現　（校正）嵯峨裕子
	〒114-0023　東京都北区滝野川7-46-1
	振替00160-5-151318　電話03(5907)6701
	ご注文窓口　電話03(5907)6668
＊検印省略	組版所　中　央　美　版

本書の無断コピーは，著作権・出版権にふれます。ご注意ください。

Printed in Japan　　　　　ISBN978-4-18-283012-9

もれなくクーポンがもらえる！読者アンケートはこちらから →

小学校学年別

365日の学級経営・授業づくり大事典

6巻シリーズ

釼持 勉 監修

1年・1801　4年・1804
2年・1802　5年・1805
3年・1803　6年・1806

B5判・各2,800円+税

必ず成功する！

1章　学級開きのポイント
2章　授業開きのポイント
3章　月別学級経営のポイント
4章　教科別学習指導のポイント

小学校学級担任の仕事のすべてが分かる！

学級開きから修了式まで、学級経営に関する全仕事を網羅しました。また、授業開きのポイントや各教科のおすすめ授業など、授業づくりのアイデアも盛りだくさん！巻末にはコピーしてすぐ使えるテンプレート教材集も収録。365日手放せない1冊です！

明治図書　携帯・スマートフォンからは**明治図書ONLINE**へ　書籍の検索、注文ができます。
https://www.meijitosho.co.jp　＊併記4桁の図書番号（英数字）でHP、携帯での検索・注文が簡単に行えます。
〒114-0023　東京都北区滝野川7-46-1　ご注文窓口　TEL 03-5907-6668　FAX 050-3156-2790